Dios
Me Tocó
Benny Hinn

U N A   A U T O B I O G R A F Í A

D1040068

Dios
Me Tocó
Benny Hinn

UNA AUTOBIOGRAFÍA

Benny Hinn

GRUPO NELSON
Una división de Thomas Nelson Publishers
Desde 1798

NASHVILLE DALLAS MÉXICO DF. RÍO DE JANEIRO BEIJING

Betania es un sello de Editorial Caribe
© 2000 Editorial Caribe
una división de Thomas Nelson, Inc.
Nashville, TN —Miami, FL (EE.UU.)

E-Mail: editorial@editorialcaribe.com
www.caribebetania.com

Título en inglés: *He Touched Me*
© 2000 por Benny Hinn
Publicado por Thomas Nelson Publishers

Traductor: Eugenio Orellana

ISBN-13: 978-0-88113-567-1

Impreso en EE.UU.
Printed in the USA

17ª Impresión,   04/2009

AUG 0 4 2010

Este libro está dedicado a Jesús, mi maravilloso Señor y Maestro, el Santo Hijo de Dios, quien ha hecho grandes cosas. A Él pertenece toda la gloria, ahora y para siempre. Quiero agradecerle por mi querido padre, Costandi Hinn, y por mi madre, Clemence, a quienes amo con todo mi corazón.

Contenido

CAPÍTULO 1

NUBES DE GUERRA SOBRE JOPE

«Benny, necesito tu ayuda, me dijo mi padre Costandi, hablando con voz firme, mientras me pasaba una pala. Su voz tenía un tono tenso e inusual.

Esta no era una simple petición de un padre a un hijo de catorce años. Era una orden y yo sabía exactamente lo que quería.

De inmediato empezamos a cavar una profunda zanja en el patio de nuestra casa en el 58 Ibn Rashad de Jope, la histórica ciudad-puerto de Israel en el extremo sur de la moderna Tel Aviv. «Realmente espero que esto no sea necesario», se lamentó mi padre, «pero es mejor estar preparados. No sabemos lo que puede pasar».

Después de trabajar varias horas bajo el ardiente sol del Medio Oriente, la zanja tenía suficiente profundidad. Allí podría refugiarse toda la familia Hinn además de algunos vecinos que pudieran necesitar protección. Al comienzo de aquella semana, en el colegio de Freres, en la escuela católica de la que era alumno, había habido un ejercicio de ataque aéreo en el que tuvimos que buscar protección en un refugio subterráneo.

Dentro de casa, mi madre, Clemence, y mi hermana mayor, Rose, juntaban comida y botellas con agua. Y daban las últimas instrucciones a mis hermanos y hermanas menores. De arriba a abajo de la calle, la gente procedía a pintar de negro los faros de los automóviles y cubría las ventanas de sus casas.

Era la primera semana de junio de 1967. Noche tras noche nuestra familia escuchaba ansiosamente Radio Cairo en nuestro idioma árabe nativo. No había ninguna duda: la guerra era inminente. Solo unos días antes, el presidente Nasser de Egipto había anunciado que todo el ejército egipcio estaba en alerta total. En una bien publicitada demostración de fuerza movilizó gran número de tropas por las calles del Cairo rumbo a Sinaí. En algunos lugares, esta iba a ser la batalla que pondría fin a todas las batallas, intentando de una vez y para siempre aplastar al estado de diecinueve años de Israel y echarlo al mar.

Nasser se encontraba en la cúspide de su popularidad, y parecía que la histeria se había extendido a todo el mundo árabe. Jordania, Siria y Líbano se habían unido en una alianza para esta confrontación histórica. Contingentes de Arabia Saudita, Kuwait, Irak y Argelia habían solicitado unirse a la lucha.

En Jope, la gente estaba aterrorizada. Israel estaba rodeado por 250 mil tropas árabes, incluyendo 100 mil soldados egipcios en el Sinaí. Había 2 mil tanques y más de 700 aviones bombarderos y caza, abrumadoramente más que las fuerzas de Israel.

¿Por qué?, me preguntaba una y otra vez. ¿Por qué tiene que ocurrir esto? ¿Por qué los pueblos tienen que pelear? No podía entender.

Me abrumaba ver cómo surgía de pronto en nuestra comunidad la odiada amargura emocional. Hasta este momento yo no conocía la animosidad tan profundamente arraigada entre árabes y judíos.

En nuestra casa, las cosas eran diferentes. Sí, nos considerábamos palestinos aunque nuestras puertas estuvieron siempre abiertas para la gente de todas las regiones. Mi padre trabajaba para el gobierno israelí, y entre nuestros amigos había musulmanes, judíos y cristianos. Religiosamente, éramos griegos ortodoxos pero yo asistía a una iglesia dirigida por monjas católicas. Ahora, con la amenaza de las nubes de guerra, estábamos sintiendo la presión para identificarnos con un sector, lo cual no me gustaba para nada. «Oh, si pudiéramos irnos de aquí, dije a mis padres. ¡Cualquier pueblo estaría mejor que nosotros!»

LOS EGIPCIOS, LOS ROMANOS, LOS TURCOS

Jope era el único hogar que yo conocía. En los años sesenta, era una bulliciosa comunidad mayormente árabe junto al Mar Mediterráneo con una historia aun muy complicada. Cada mañana iba a la escuela caminando por la calle Yefet. *Yefet* es la palabra árabe para Jafet, el tercer hijo de Noé a quien se le atribuye el crédito de haber establecido la ciudad después del Diluvio.

Con frecuencia, mis hermanos y yo jugábamos en los muelles donde Jonás abordó la nave a Tarsis. A solo unos metros estaba la casa de Simón el Curtidor, donde se encontraba Pedro cuando Dios lo envió a predicar a los gentiles.

En el siglo quince a.C., mucho antes que Josué librara la batalla de Jericó, Jope era una ciudad cananea en la lista de tributarios del Faraón Tutmose. Y desde allí fue que el rey fenicio Hiram de Tiro mandó el cedro que utilizó el rey Salomón en la construcción del templo.

Los vientos de guerra no habían dejado de soplar sobre el lugar de mi nacimiento. Jope fue invadida, capturada, destruida y reconstruida una y otra vez. Simón el Vespasiano, los mamelucos, Napoleón y Allenby la habían codiciado. Este puerto estratégico había estado bajo los gobiernos de los fenicios, los egipcios, los filisteos, los romanos, los árabes, los musulmanes y los turcos. En 1922 cayó bajo el control de los ingleses hasta que en 1948 llegó a ser parte del nuevo estado de Israel.

Jope fue y sigue siendo un crisol de nacionalidades. Basta con caminar cerca de la Torre del Reloj del Jubileo, construido por los otomanos en 1901 para oír conversaciones en francés, búlgaro, árabe, hebreo y otras lenguas.

Durante mi niñez, los cientos de miles de personas de Jope eran parte de la explosión demográfica al norte de Teliv. Hoy día, la metrópoli tiene el nombre oficial de Tel Aviv-Jaffa. Más de cuatrocientas mil personas consideran esa área su hogar.

Los ruidos, las imágenes y los olores de esta ciudad jamás se borrarán de mi mente. Cada vez que la visito, me dirijo directamente a la panadería al aire libre de Said Abou Elafia e Hijos, en la calle Yefet. Nada en este lugar ha cambiado. Se sigue haciendo allí la famosa versión árabe de la pizza, con huevos cocinados sobre pan pita. El estilo se ha popularizado, y ahora es posible ver negocios similares por todo Israel. En 1880 esta era la única panadería que había en Haifa y cuatro generaciones después sigue ostentando el mismo nombre de familia. El solo pensar en los panes «za'atar», condimentados al estilo del Medio Oriente y horneados con aceite de oliva, producidos por esta panadería me pone nostálgico. ¿Y la zambuska, rellena de queso o papa? ¡Delicioso!

EL MISERICORDIOSO

Debido a la posición de mi padre en la comunidad, la gente de Haifa era como una familia extendida sin importar su posición social, étnica, política o religiosa. El área era un distrito de Tel Aviv y de mi padre, Costandi Hinn, se puede decir que era el nexo entre la comunidad y el gobierno israelí. Era un hombre imponente, de seis pies y dos pulgadas de estatura, con una personalidad suave pero poderosa. Él era el hombre ideal para la tarea.

Mi padre ocupaba la mayor parte de su tiempo manejando las quejas que surgían entre los ciudadanos y las agencias del gobierno, además de buscar empleos para quienes los necesitaban. Tenía oficinas en Haifa y en Tel Aviv, pese a lo cual no cesaba el desfile de personas que acudían a nuestra casa con peticiones especiales. Ninguno de ellos era rechazado.

La naturaleza generosa de mi padre no era ficción. Era parte de una generosa herencia que se había traspasado por generaciones. Inmediatamente después de la Primera Guerra Mundial, el bisabuelo de mi padre y su familia, «los Costandi» emigraron de su nativa Grecia a Alejandría, Egipto. Vieron en los negocios y el comercio un futuro brillante. Uno de sus hijos (el abuelo de mi padre) se dedicó a proveer alimento y vestuario a los pobres, hasta que la gente solía decir: «Vamos donde El Hanoun», que en árabe quiere decir, «el misericordioso», o «el generoso». Más tarde, muchos empezaron a lllamarlo Hinn, y así se originó nuestro nombre.

Ya que así lo llamaba la gente, y él ahora estaba viviendo en una cultura árabe, decidió cambiar su segundo nombre de Costandi a Hinn. Me alegro mucho que en nuestra familia se ha conservado hasta ahora el mismo espíritu de generosidad. (Hace poco supe que algunos de mis familiares que quedaban en Egipto decidieron retomar el nombre Costandi.)

Posteriormente, uno de los Hinn (mi abuelo) se fue de Egipto a Palestina, estableciéndose en la próspera comunidad árabe de Haifa. Cuando se casó y tuvo un hijo, lo llamó Costandi, para honrar el nombre griego de la familia.

Con el paso de los años, mi madre nos ha contado algunas anécdotas de su vida de jovencita. Recientemente, con un centelleo en sus ojos, contó cómo conoció y se enamoró de mi padre.

Aunque mi padre nació en Palestina, la familia de su madre había emigrado muchos años antes desde la empobrecida Armenia, en el sur de Europa, a Beirut, en el Líbano. Su padre, Salem Salameh, era palestino.

Después de un típico matrimonio arreglado cuando ella apenas tenía dieciséis años, la pareja se estableció en Haifa y entre sus hijos hubo una amorosa mujercita de nombre Clemence.

Mi abuelo era carpintero y también trabajaba como inspector en los huertos de naranjas.

TRADICIÓN COMPLICADA

Cuando era joven, Costandi Hinn vivió en una Palestina que era gobernada por Gran Bretaña. Desde 1942 a 1944 sirvió en el ejército británico. Después de eso se trasladó a Haifa, unas sesenta millas subiendo por la línea costera, donde encontró trabajo en las oficinas de aduana del puerto.

Separado de su familia, en una ciudad donde se sentía extranjero, su vida social prácticamente se fue a pique. «Pero no conozco a nadie», le dijo a su padre cuando pensó en pedir la mano de una jovencita para casarse. Cuando Costandi fue de visita a su casa, una de sus tías le habló de una hermosa niña armenia. «Se llama Clemence», le dijo. «Y su familia también es griega ortodoxa». Ese hecho fue muy importante. «Demasiado joven para mí», reaccionó Costandi, cuando supo que la niña solo tenía catorce años.

Sin embargo, cuando finalmente se organizó una reunión entre los Hinn y la familia Salameh, mi padre rápidamente cambió de opinión. Se dijo: «Es bella. Esta es la niña que será mi esposa». No muchos días después, fue al restaurante del señor Salameh y le dijo si podía hablar privadamente con él. Un Costandi terriblemente nervioso dijo: «Señor, tengo una petición que hacerle. Quiero pedirle algo». Debido al respeto que existía entre las dos familias, él le contestó: «Lo que quieras, hijo. Lo que me pidas te lo daré». Sonrió y agregó: «¿Quieres mis ojos?»

«No», replicó Costandi. «Quiero a su hija, Clemence».

El señor Salameh no dudó. «Sí», le contestó. «Me alegra oír eso. Si eso es lo que quieres, ella será tuya».

Cuando se corrió la noticia, se produjo una gran consternación. «¡Así no se hacen las cosas!», exclamó agitada, una abuela. «¿Por qué no vino su padre y pidió la mano de la muchacha, como corresponde? Un muchacho no va a un restaurante a pedir él solo algo así».

Según la costumbre en el Medio Oriente, incluso hoy en

día, los matrimonios son concertados entre los padres. Por eso, para honrar la tradición, los Hinn hicieron el pedido personalmente y pronto todos estaban contentos. Costandi compró una sortija de oro y orgulloso la colocó en el dedo de Clemence.

Desdichadamente sus planes de matrimonio iban a verse estropeados por fuerzas que habrían de conmover los cimientos mismos de Palestina.

LA SEPARACIÓN

Transcurría el mes de abril de 1948. La tensión en Haifa había tomado las calles. Los automóviles estaban siendo bombardeados. Las tiendas estaban siendo saqueadas. Francotiradores estaban al acecho en los techos de las casas. Noche tras noche los disturbios estaban más y más fuera de control.

Desde 1922, Palestina había sido operada como un mandato británico, pero ahora eso cambiaría drásticamente. Se anunció que el 15 de mayo los británicos junto con 100 mil tropas británicas que mantenían una frágil paz, se irían. El nuevo estado de Israel estaba por nacer, endosado oficialmente por la comunidad mundial.

Desde el fin de la Segunda Guerra Mundial, cientos de miles de refugiados judíos habían desembarcado en Jope y Haifa, regresando a su antiguo hogar. El pánico que se regó por el mundo árabe fue tremendo. En Jope solo, la población árabe descendió de 70 mil a un poco más de 4 mil.

Las familias abandonaban sus hogares y huían a Egipto, Jordania, Siria y el Líbano.

La familia Salameh recogió sus pertenencias y apresuradamente se dirigió a Ramallah, una ciudad al norte de Jerusalén. Los Hinn, con un futuro incierto, decidieron quedarse en Jope. Ahora, Clemence y Costandi estaban separados por más que millas. Había una frontera armada entre ellos y era ilegal atravesarla.

El 9 de mayo de 1948, después de una total paralización de los servicios municipales, los líderes que quedaron en Jaffa emitieron una proclamación declarando a Jope una ciudad abierta e indefensa. No habría más batallas. La comunidad se sometería al gobierno judío.

Costandi pudo conservar su empleo en el servicio postal en Jope, pero su corazón estaba en Ramallah. «No podía pensar en otra cosa que no fuera encontrar la forma de ver a Clemence». Dice que pasó días tramando e ideando la forma de atravesar la frontera y volver con la niña a la que tan profundamente amaba.

En 1949, Costandi dijo a su familia que iba a pedir permiso en su trabajo para ausentarse y se iría secretamente a Ramallah. Sin mucha información, una noche viajó a lo largo de la línea costera hasta la ciudad de Gaza. Ahí tomó un barco que se dirigía a Egipto y viajó de incógnito por bus hasta Jordania.

El encuentro con Clemence bien valió el riesgo, pero la barrera más grande estaba aun por delante. ¿Cómo la llevaría legalmente a su hogar? ¿Cuándo y cómo se casarían? ¿Qué documentos necesitarían para hacer legal su matrimonio?

«Tu padre se quedó largo tiempo», recuerda mi madre. «Y hablamos sobre cómo regresar a Jope». Durante este periodo, Costandi encontró trabajo en la Cruz Roja de Amán.

Amal, la madre de Clemence, tuvo una idea. «¿Por qué no se casan dos veces? Una aquí en Ramallah y así tendrán documentos, y la otra en Jope, lo que hará que los israelitas reconozcan el matrimonio».

El plan funcionó y, con gran alivio para la pareja, los guardias en la frontera dieron su aprobación y permitieron a Costandi y a su esposa de dieciséis años de edad entrar el país y regresar a Jope.

¡POR FAVOR, SEÑOR!

Ahora bajo el gobierno israelí, la industria más importante de Jope, la exportación de cítricos, de nuevo empezó a prosperar. Las naranjas de Jope, grandes y jugosas, tenían (y siguen teniendo) una gran demanda a través de Europa. La palabra Jope estampada en las naranjas, simplemente significaba que habían crecido en Israel y embarcadas a través del puerto de Jope. Costandi, que conocía a la mayoría de las personas a cargo de este negocio, pronto fue contratado como inspector.

Para Clemence, su vida se centraba en torno a la devoción a su esposo y a la iglesia Griega Ortodoxa. Pero había algo que la afligía sobremanera.

En diciembre de 1952, Clemence se dirigió al Hospital francés St. Louis, en la calle Yefet. Estaba a punto de dar a luz su segundo hijo.

Desde su cuarto, la tercera ventana desde la esquina en este histórico edificio construido en 1883, podía ver las aguas azul profundo del Mediterráneo. Parecían extenderse hasta el infinito.

A la distancia pudo ver un grupo negro de rocas, las rocas Andrómeda. Según la leyenda griega, la doncella Andrómeda fue encadenada a una de ellas cuando Perseo descendió cabalgando en su caballo alado, mató al monstruo marino y la rescató.

Ahora, Clemence deseaba que alguien pudiera descender y salvarla de un año más de humillación y desgracia. Aun cuando era una religiosa devota, no sabía nada sobre tener una relación personal con el Señor. Y en ese humilde cuarto de hospital, a su manera, hizo un trato con Dios.

Se dirigió a la ventana, miró al cielo, y dijo, desde lo profundo de su ser: «Dios, tengo solo una cosa que pedirte. Si me das un niño, te lo daré a ti».

De nuevo, repitió su clamor. «Por favor, Señor. Si me das un niño, yo lo daré a ti».

«YO VI SEIS LIRIOS»

Se requiere conocer la cultura del Medio Oriente para entender el dilema en que ella se encontraba.

El primer bebé que les nació a Costandi y Clemence Hinn fue una hermosa niña, llamada Rose. Pero en la tradición ancestral de los Hinn el primogénito debió de haber sido un varón y heredero.

Ella podía oír las palabras de algunos de los miembros de la familia Hinn resonando en sus oídos. La reprendían por no haber sido capaz de dar a luz un varón. «Después de todo», le dijo uno, «todas tus cuñadas han tenido niños». A menudo, las burlas la hacían derramar lágrimas de dolor. Se sentía desconcertada y avergonzada. Esa noche, en su cama del hospital, sus ojos estaban húmedos cuando se durmió.

Al día siguiente, sin embargo, se le concedió su petición. El miércoles 3 de diciembre de 1952, a las 2:00 de la tarde, nací yo.

Cuando era un niño, mi madre me contó de un sueño que había tenido inmediatamente después de mi nacimiento. Me pareció que tenía que ver con un ramo de rosas, pero recientemente ella me explicó que se trataba de lirios.

«Vi seis lirios. Seis hermosos lirios en mi mano», me dijo, «Y vi a Jesús entrar en mi cuarto. Se acercó a mí y me pidió uno de los lirios. Y yo le di uno».

Cuando se despertó, Clemence se preguntó, ¿qué significará este sueño? ¿Qué podrá ser?

Finalmente, nuestra familia habría de estar compuesta por seis muchachos y dos niñas, pero mi madre nunca olvidó su pacto con Dios. «Benny», me dijo, «tú eras el lirio que di a Jesús».

CAPÍTULO 2

UN NIÑO LLAMADO TOUFIK

Las familias griegas ortodoxas acostumbran poner a sus hijos cuando nacen un nombre cristiano como segundo nombre. El primero, generalmente corresponde al de un santo o un sacerdote cuando son bautizados en la iglesia. Como yo era el primer hijo, se me dio orgullosamente el nombre del padre de mi padre, Toufik. Casi inmediatamente, mis tías, tíos y primos empezaron a llamarme Tou Tou.

Mi bautismo tuvo lugar en la residencia del sacerdote griego ortodoxo en el sector histórico de Jaffa llamado la Ciudad Vieja. Ofició Benedictus, un amigo de nuestra familia que llegó a ser el patriarca de Jerusalén. No solo me ungió con aceite y agua sino que también me dio su nombre. Ahora era oficial: Me llamaba Toufik Benedictus Hinn. Después, me habrían de llamar simplemente Benny.

La única casa que yo conocí en Jaffa pertenecía a una familia que abandonó Palestina cuando la ciudad quedó prácticamente desierta durante la carnicería de 1948. Salieron a toda prisa, y la imponente estructura de tres plantas fue entregada en posesión a la iglesia Griega Ortodoxa. Mi padre no cabía en él de gozo cuando el sacerdote le dijo: «Señor Hinn: ¿Estaría usted dispuesto a mudarse con su familia a esta residencia?» Ocuparíamos solo un piso de la casa, pero de todos modos tenía cuartos muy amplios.

La ubicación era fantástica. Estaba situada en una colina, solo a dos cuadras de las azules aguas del Mediterráneo y a unos pasos del corazón de la comunidad.

¡Qué actividad se desarrolló allí! El piso superior del edificio se le dio al tesorero de la iglesia, el segundo se transformó en el club de la iglesia Griega Ortodoxa, un lugar donde se reunían los miembros de la iglesia. Nuestra casa estaba en el primer piso.

La imponente estructura color café rojizo tenía unas hermosas columnas con amplias escaleras que llevaban al segundo nivel. En el jardín había una fuente con pececitos tropicales. Detrás de la casa había un gran huerto con cítricos, flores y un sendero que conducía a la playa. En la fachada del edificio estaba el emblema del club de la iglesia Griega Ortodoxa, una organización de la que mi padre fue presidente por varios años. Nuestro piso tenía un amplio cuarto familiar y dos grandes dormitorios: uno para mis padres y el otro para la familia que iba aumentando poco a poco. Primero, estaba Rose, luego yo, seguido por mis hermanos Chris, Willie, Henry y Sammy y luego otra hermana, Mary. Cuando yo tenía diez años, nuestro dormitorio en Jaffa empezó a parecer una guardería de hospital. El niño número ocho, Michael, nació más tarde en Canadá.

En la parte trasera de la casa, en un nivel elevado, estaba la cocina. Allí fue donde pasé mucho tiempo cuando era niño, ayudando a mi madre a preparar la comida. ¿Qué era lo que más me gustaba hacer? Preparar el pan pita. Pronto aprendí a mezclar en cantidades exactas el agua, la masa y la levadura. Mi madre acostumbraba decir: «Benny hace el mejor pan de todo el pueblo». A veces incluso lo usaban para la comunión en nuestra iglesia.

TOMA ESTO. ES TUYO

El trabajo de mi padre en asuntos sociales se extendía mucho más allá del horario de oficina.. Él era extremadamente amable con la gente, lo que hacía que siempre en forma permanente hubiera una fila de personas llegando a casa, en especial los que andaban en busca de trabajo. Parte de las responsabilidades de mi padre como nexo entre el gobierno y la comunidad era autorizar a la gente para los trabajos disponibles. Por ejemplo, un hospital decía: «Necesitamos trabajadores de inmediato»; entonces mi padre entrevistaba a los candidatos y hacía la selección.

Al fondo del huerto almacenaba grandes sacos de harina que compraba constantemente.

Cuando alguien tenía necesidad, él decía: «Toma esta harina. Es tuya».

Mi madre, una hermosa cocinera del Medio Oriente, hacía su aporte a la hospitalidad. «¿Por qué no se quedan a comer?», decía a la gente. Los sábados y domingos nuestra casa se llenaba. Usábamos entonces para cocer el pan que habíamos preparado, los hornos de una panadería que quedaba a unos cien metros de casa. Cada fin de semana mis hermanos me ayudaban llevando sobre nuestras cabezas hasta la panadería la masa que habíamos puesto en grandes moldes redondos. Mientras ellos jugaban, yo me dedicaba a mirar cómo se horneaba el pan. Cuando estaba listo, los llamaba para que hiciéramos el viaje de regreso, ahora con el pan ya cocido.

La mesa de nuestro comedor era una muestra de abundancia. Siempre había fuentes con zapallitos rellenos, arroz envuelto en hojas de vid, comida picante y puré de garbanzos. Para el postre había dulces, como «baklavas», una delicada pasta cubierta de miel.

Quizás la razón por la que hoy día como tan poco sea porque en nuestra casa siempre se servía en pequeñas cantidades y no desarrollé un gusto por la comida. Hasta hoy, prefiero las comidas hechas con vegetales y arroz.

¡MI HIJO, MI TESORO!

Cuando le cuento a la gente sobre la generosidad de mi padre, dicen: «Oh, debe de haber disfrutado de mucho gozo».

Para ser sincero, la personalidad de mi padre puso en mí, en mis hermanos y hermanas el temor a Dios, llegando a amarlo intensamente.

Cuando los visitantes se iban y solo quedaba en la mesa la familia, comíamos rápidamente y en silencio. No había discusiones durante la comida y yo nunca supe prácticamente nada sobre el trabajo de mi padre hasta que fui un adolescente. Nunca se hablaba de dinero, política o asuntos de gran importancia. Había una cosa, sin embargo, que todos entendíamos claramente. Si hablábamos en la mesa nos estábamos buscando un problema. Y si se nos pasaba la mano en las travesuras, de seguro que nos ganaríamos unas buenas nalgadas.

Sabíamos que el trabajo a mi padre le producía muchas presiones. Cuando llegaba del trabajo siempre tomaba una pequeña siesta. En tales ocasiones, era mejor que no se nos ocurriera despertarlo. Todavía recuerdo el día cuando una mujer llegó pidiendo ver a mi padre. Uno de mis hermanos le contestó: «Lo siento, pero no puede verlo. Está durmiendo».

Sin atender a sus palabras, la mujer se abalanzó dentro de la casa, hizo a un lado a mi hermano y entró al dormitorio, despertándolo con la punta de un palo que llevaba en la mano. ¡Oh, qué lío se armó! Unos segundos después, la mujer salía con la velocidad del viento, mientras mi papá la seguía con el palo que ella llevaba en la mano. ¡Las mesas se volcaron! Ahora éramos nosotros los que estábamos en problema por haber dejado que aquella mujer entrara a la casa!

Mi mamá nunca era la que disciplinaba en casa. No era necesario. Mi papá era el que castigaba cuando se requería, y a veces cuando no se requería mucho también. Un día, al llegar a casa, nos encontró peleando a Chris y a mí. «Chris, ven acá», le ordenó mi papá. Puso sus pies sobre los de mi hermano, lo miró fijo a los ojos y le dio una tremenda regañada. Luego hizo lo mismo conmigo. A pesar de su estilo tan estricto, todos rivalizábamos por tener la atención de nuestro padre. El más pequeño acto de cariño de él significaba para nosotros el mundo.

Recuerdo la vez cuando hizo un viaje de negocios a Chipre. Yo tendría unos doce años. Me trajo de regalo una pistola de juguete. Tendría unas doce pulgadas de largo y disparaba cada vez que tiraba del gatillo. Dos días después, cuando mi hermano Chris tomó la pistola y me la rompió, pensé que nunca dejaría de llorar. Este no era un juguete ordinario. Era una de mis más queridas posesiones porque me la había regalado papá.

Exteriormente, mi padre era duro como la caparazón de una tortuga, pero yo nunca dudé de su amor. Raramente nos decía una palabra amable, pero a nuestra madre le decía las cosas más hermosas de sus hijos, y ella no podía mantener el secreto.

Una vez cuando un vecino dijo: «Costandi, deberías estar orgulloso de tus hijos», él le contestó: «Mis hijos son mi tesoro. No soy millonario, pero tengo una hermosa familia que es toda salud. Soy una persona afortunada».

Mi madre y mi padre nunca mostraron en público el cariño que se tenían mutuamente. No recuerdo haberlos visto alguna vez tomados de la mano. ¡Sencillamente no tenían la costumbre de hacerlo! Sin embargo, podíamos sentir la profundidad de su amor.

HÉRCULES, TARZÁN Y EL LLANERO SOLITARIO

¡Sábado! ¡No podíamos esperar la llegada del sábado! Tan cierto como que el sol se levantaría esa mañana, mamá estaría en la cocina preparando sándwiches y limonada para que lleváramos cuando fuéramos a la playa. Aunque el mar estaba apenas a tiro de piedra de nuestra casa, nos encantaba ir a Bat Yam, una playa a la que llegábamos después de caminar cuarenta y cinco minutos rumbo al sur. Papá siempre iba con nosotros y por lo general nos acompañaban algunos primos.

Nos parecía nada caminar esa distancia. Íbamos a donde fuera. Mientras vivimos en Israel, mi padre no tuvo nunca

automóvil. A su trabajo iba caminando o en transporte público.

Siempre teníamos que depender de las condiciones del
tiempo. La gente se sorprende al saber que desde mayo hasta
noviembre rara vez cae una gota de agua en Israel.

Me gustaba el agua, pero no los juegos bruscos que les gustaba a algunos de mis hermanos. Prefería estar a algunos pasos de
distancia de la gente. Algunos pensaban que yo era un solitario.
En realidad, no me agradaba mucho la idea de sofocarme.

Si había viento, podíamos elevar volantines en la playa, corriendo hasta donde nuestras piernas nos lo permitían.

En las tardes volvíamos rápidamente a casa, comíamos
cualquier cosa y subíamos al club de la Iglesia Griega Ortodoxa a ver las películas para niños. Laurel y Hardy. Hércules.
Tarzán. El Llanero Solitario. Papá era el operador y veíamos
todo en inglés, sin subtítulos. Pegados a la pantalla, veía estas
películas mientras soñaba con abandonar Israel y mudarme a
Occidente. «Ese soy yo», me decía. «Allí estoy yo».

Cuando jugábamos a los «cowboys» y a los indios, yo siempre hacía de «americano», y me jactaba de mi conocimiento de
los Estados Unidos aun cuando ese conocimiento estaba limi-
tado a lo que veía en las películas.

Como era demasiado pequeño para mi edad, los muchachos del barrio se creían con el derecho de fastidiarme. Podía
defenderme, pero rara vez tuve que hacerlo. Mis hermanos
velaban sobre mí cual águilas. Una vez que un niño griego me
pegó, mi hermano Chris saltó y empezó a darle de puños tanto
y tan fuerte que cuando hubo acabado, al niño tuvieron que
llevarlo al hospital con un brazo quebrado. ¡Sí! ¡Chris se metió
en un problema!

APARTADO

Cómo me gustaría decirles que mi infancia en Jaffa fue perfecta y sin traumas. Lamentablemente, este no es el caso.

Desde los tres años, mi autoestima estaba tan deteriorada que lo único que quería hacer era correr y esconderme. La humillación y vergüenza que experimentaba empezó con un horrible problema de tartamudeo que apareció cuando me mandaron a un jardín infantil. Como los miembros de mi familia podrían decirle, completar una simple frase me resultaba un trabajo eterno.

Mi forma de hablar era tan titubeante que mis profesoras, preciosas monjas católicas evitaban hacerme preguntas en clases para no caer en el ridículo. Cuando se trataba de jugar, me dejaban a un lado. Mis amiguitos no querían hablarme debido a que me tardaba en responderles. Como resultado, tenía muy pocos amigos.

Cuando cumplí los cinco años empecé a alejarme de todo el mundo. Muchas noches, enterraba mi cabeza en la almohada y lloraba hasta que me quedaba dormido. Cuando la gente iba a visitarnos, me encerraba en mi cuarto y me metía debajo de la cama para que nadie pudiera encontrarme. Pensaba, *si me oyen, se van a reír de mi tartamudez.* Chris, mi hermano menor, estaba bien consciente de mi problema y se transformó no solo en mi protector, sino en quien hablaba por mí. A menudo, cuando alguien me hacía una pregunta, Chris contestaba antes que yo pudiera decir media palabra. La gente suele ser cruel con los que tienen limitaciones físicas como yo. Incluso los que me amaban, decían «Benny, con tu problema de habla seguramente no tendrás mucho aprecio por la vida». Esas palabras, repetidas una y otra vez de diversas y sutiles maneras, dejaron una huella indeleble en mi joven mente.

En cierta ocasión, mi madre me mandó a la casa de una vecina a dejarle algo que había pedido. No recuerdo qué era, pero nunca olvidaré lo que dijo. Me miró, se echó a reír y me dijo: «¿No podía tu madre mandar a alguien que pueda hablar?»

Cuando golpeé a la puerta de la casa, se apareció un hombre con las semillas y me dijo algo que me afectó profundamente. Me dijo: «¿Por qué luces tan estúpido?»

Mi autoestima ya estaba por el suelo, y ahora me decían que parecía un estúpido. Abatido, me alejé pensando, *si él dice que parezco «estúpido», debe ser porque lo soy.*

Peter Bahou, un niño que vivía al lado de nuestra casa, estaba preocupado por mi problema. A veces nos sentábamos en los escalones de la puerta principal y me pasaba un libro, diciéndome, «Benny, quiero que me leas algo de este libro». Había días en que mi tartamudeo era tan serio que tenía que tranquilizarme. «Está bien», me decía. «No leas más. Seguiremos después».

EL PADRE HENRY

Mi educación formal comenzó en la escuela de las monjas católicas. Aun hoy, puedo cerrar mis ojos y ver a mi profesora del kinder, una monja francesa alta, delgada, de ojos azules que usaba anteojos. No recuerdo nada específico de todo lo que me enseñó, pero sí recuerdo lo afectuosa que era conmigo. «Tú eres un jovencito muy especial», solía decirme. «Eres muy especial». ¡Oh, cuánto anhelaba escuchar palabras como esas!

En un reciente viaje a Jaffa, le pedí al chofer que nos llevaba que se detuviera en la calle Yefet, frente al Colegio de Freres Escuela de los Hermanos, una institución católica establecida en 1882. Fue mi escuela desde el primer grado en adelante. Cuando yo era alumno allí, había 400 estudiantes. Ahora tiene más de 900.

Abrí la puerta de la sala correspondiente al 1-C, el lugar donde pasé tantos días de mi vida de niño. Había cambiado muy poco. «Permítanme decirles algo acerca del pizarrón», les dije a los amigos que me acompañaban. «Si alguna vez sus nombres aparecían escritos aquí, entonces ustedes estaban en serios problemas. Nadie podía hablarles mientras sus nombres permanecieran allí. Era una forma de castigo muy efectiva. Afortunadamente, y gracias a mi naturaleza tranquila, mi nombre nunca estuvo allí.

Para mi deleite, cuando visitamos la escuela me encontré con el padre Henry. Él había sido uno de mis primeros profesores y seguía en la facultad de la escuela. Después de intercambiar saludos, me dijo que veía nuestros programas de televisión, los cuales se transmiten en Israel. «Nunca pensé que Benny pudiera llegar a ser un predicador», dijo a los que estábamos allí. «Yo enseñaba religión y siempre hacía preguntas a los alumnos, pero casi nunca se las hacía a Benny, para no avergonzarlo». Y añadió: «Ahora, cuando lo veo por la televisión, me pregunto: ¿Será el mismo?»

Me río cuando me doy cuenta que aprendí a tartamudear en varios idiomas. En la escuela católica, las clases se daban en francés y en hebreo. El griego se hablaba en nuestra iglesia y con frecuencia en casa. Recuérdese que los ancestros de mi padre eran griegos. El idioma principal de nuestra familia era, sin embargo, el árabe. Cuando estábamos en la escuela, cada tarde, lo primero que hacíamos al entrar a casa eran las tareas. No había otra alternativa. Mi padre había contratado a una mujer a quien nosotros graciosamente llamábamos «la gestapo» que era a la vez niñera y tutora. Miraba por encima de nuestro hombro para asegurarse que hiciéramos un trabajo perfecto.

Finalmente, cuando nos decía que el tiempo de hacer las tareas había terminado, corríamos a la televisión a ver los programas para niños, mayormente estadounidenses, que transmitían canales del Líbano, Chipre o Egipto.

Una noche típica después de cenar encontraba a mi padre en el patio trasero de la casa conversando con sus amigos mientras mamá se sentaba en el porche del frente de la casa, chachareando con otras mujeres del vecindario. Mis hermanos y hermanas por lo general veían otro programa de televisión antes que llegaran las ocho de la noche, hora de irnos a acostar.

En nuestro cuarto, por lo general nos dormíamos oyendo en nuestro pequeño receptor de radio música del Cercano Oriente que captábamos de estaciones de Egipto y Jordania. Algunas noches yo leía algunos de los libros que había pedido en la biblioteca, como la versión en francés de *Rin Tin Tin*.

Las clases comenzaban exactamente a las 8 de la mañana. Tardábamos veinte minutos en caminar de la casa a la escuela. Algunos días yo me tardaba un poco más, cuando me detenía en la tienda a comprarme un pastel relleno con crema. ¡Qué sabrosos eran!

¡NO SE LO DIGAS A MAMÁ!

Yo amaba a mis hermanos, aunque cada uno se diferenciaba del otro como la tiza del queso.

Rose era mi hermana mayor y yo siempre acudía a ella, aunque como niños, teníamos nuestros desacuerdos. Si yo tenía un secreto, ella sería la última persona a quien se lo diría porque sabía que antes que declinara el día, ya todo el mundo lo sabría.

Christopher, un año menor que yo, era un alborotador. Más de una vez llegó a la casa con la nariz sangrando, mientras fanfarroneaba: «Lo único que quería era tratar de protegerte, Benny».

El señor Lutfalla Hanna, que vivía en el último piso de nuestra casa, era muy amable conmigo; pero con Chris las cosas eran diferentes. El señor Hanna acostumbraba estacionar su automóvil en el garaje que había en la parte trasera de la casa. Un verano, Chris no encontró mejor manera de divertirse que desinflarle los neumáticos. El pobre señor Hanna quería morirse cada vez que encontraba los resultados de las incursiones de mi hermano. Todo terminó cuando un día, llamó a mi padre y le dijo: «Procure que su hijo no vuelva a acercarse a mi auto, pues de lo contrario, no sé qué va a pasar».

Willie, el siguiente en la línea, era uno de mis hermanos favoritos. Era tranquilo y tímido; siempre pensativo aunque como trabajador era incansable. ¿En quién confiaba yo? En Willie. Si en alguna ocasión tenía que decirle a alguien «¡No se lo digas a mamá!» ese era Willie.

Luego venía Henry, quizás más revoltoso que Chris. A veces nos reíamos de él por ser un poco tosco, especialmente el día que entró corriendo en la Iglesia Ortodoxa Griega cuando todos estábamos en el servicio, chocando con la mesa de la Comunión y produciendo un alboroto terrible. Henry también tenía una imaginación activa con la que nos contaba unas historias tremendas.

Como niños, a mis hermanos y a mí nos gustaba ver en la televisión los programas de lucha libre. Y después que el programa terminaba, tratábamos de imitar a los luchadores luchando entre nosotros. De nuevo, era Chris el que causaba los peores daños. Sin embargo, yo una vez le quebré un dedo a Henry, y en otra ocasión el pequeño Willie tuvo que ser llevado de urgencia al hospital con un brazo quebrado.

Sammy era un bebé cuando vivíamos en Jaffa. Yo ayudaba a mamá a cuidarle y a menudo le cambiaba los pañales. Hasta hoy es mi hermanito.

Mary, mi hermana menor, fue la última de los Hinn en nacer en Israel. Siempre hubo algo especial con ella. Los que asistieron a su bautizo en la Iglesia Griega Ortodoxa todavía hablan del brillo de su rostro.

Mis tías y tíos estaban hablando constantemente acerca de mis hermanos y hermanas, prediciendo para cada uno grandes éxitos. Yo era el único que los hacía mover la cabeza, preocupados.

A causa de mi impedimento, se preguntaban: ¿Qué irá a ser del pobre Benny?

¿Sería esta lengua rebelde una carga que yo tendría que llevar para siempre?

CAPÍTULO 3

FUEGO DE ARRIBA

«Benny, ¿te gustaría ser mi niño-ayudante en el altar?», me preguntó el padre Gregorio, sacerdote en St. George, la Iglesia Griega Ortodoxa central en Jope.

No lo podía creer. St. George jugaba un papel central en mi vida, y sus ricas tradiciones estaban entretejidas con las de nuestra propia familia. El edificio era colorido, hermoso e imponente con íconos y las paredes pintadas.

Desde que tengo conocimiento, se me enseñó que podía comunicarme con Dios orando a la Virgen María y a los santos. También era costumbre que los creyentes besaran los íconos.

El padre Gregorio nos enseñó que la adoración litúrgica ha sido diseñada para que apele a todos los sentidos: los ojos del adorador ven la hermosura de las pinturas sagradas, sus oídos oyen los viejos himnos, huele el incienso y degusta la comunión. También se me enseñó que nuestro cuerpo es para glorificar al Creador mediante gestos simbólicos, y nuestro espíritu se levanta en adoración al Padre celestial.

A los siete años dije mi confesión, aprendida del Credo Niceno, y participé en la eucaristía. Como niño-ayudante en el altar, usaba una túnica especial y ayudaba al sacerdote durante el servicio. A veces tenía que llevar una vela o el incensario. El servicio, llamado Liturgia Divina, no ha cambiado desde los primeros días del cristianismo. Siempre era un día especial cuando el sacerdote nos invitaba a mí y a los miembros de la iglesia a su casa para comer. Era un buen amigo de nuestra familia.

Mi primera experiencia en cuanto a milagros tuvo lugar en las afueras de Jope, donde Pedro resucitó a Dorcas (o Tabita). Una vez en el año toda la comunidad de la Iglesia Griega Ortodoxa se reunía allí para un día de celebración y refrigerio.

En el servicio especial, el sacerdote contaba la historia bíblica donde Pedro se arrodilló junto al cuerpo de la joven y oró: «Tabita, levántate. Ella abrió los ojos, y al ver a Pedro, se incorporó. Y él, dándole la mano, la levantó; entonces, llamando a los santos y a las viudas, la presentó viva. Esto fue notorio en toda Jope, y muchos creyeron en el Señor» (Hechos 9.40-42).

UNA GRAN INFLUENCIA

Debido a la enseñanza que recibí durante años en escuelas católicas, en mi corazón me consideraba católico. Iba a misa regularmente y me sabía el Ave María, el Credo Niceno, el Padrenuestro y otras oraciones prescritas.

Las hermanas católicas tuvieron una tremenda influencia espiritual sobre mí. En la escuela, y a muy temprana edad me enseñaron las Escrituras. Allí fue donde aprendí las historias de Abraham, Isaac, Jacob y los milagros de Cristo. ¿Desagradaba esto a mis padres? No. Recibir educación en una escuela católica privada era lo mejor. Pero un domingo también me sentí a gusto practicando los ritos de la Iglesia Griega Ortodoxa. Durante este tiempo de intensa instrucción religiosa, traía a Dios mis ruegos privados aunque no sabía exactamente cómo hablar personalmente al Señor. En realidad, mi vida de oración era tan organizada como rutinaria.

Cuando pienso en el entrenamiento espiritual que recibí me siento muy bendecido. Con frecuencia me pregunto: *¿Cuántos niños recibirán la enseñanza sobre el Nuevo Testamento en hebreo? ¿Y cuántos jóvenes pueden hacer viajes a lugares donde la Palabra de Dios cobra literalmente vida?*

Recuerdo las veces que viajé por el Neguev y las enseñanzas que recibí sobre Abraham de pie junto al pozo que él mismo había abierto. Esa experiencia jamás la olvidaré.

UN DON ESPECIAL

Sin ninguna duda, en mi vida se sembró semilla del cielo. Una vez, cuando tendría unos siete años, un hombre de Nazaret golpeó a la puerta de nuestra casa. Era un cristiano convertido, de lo cual no tenía concepto alguno por aquel entonces. Me dio un regalo muy especial: un pequeño librito que contenía una parte de la Biblia. Tenía ilustraciones a todo color.

Unas dos semanas después, el hombre volvió con un segundo librito. Le di las gracias con una gran sonrisa en el rostro.

De alguna manera, me sentía atraído por los libritos y me emocionaba cada vez que el hombre llegaba a nuestra puerta. Creo que él se daba cuenta que yo estaba reaccionando positivamente a las Escrituras en tanto que otras personas del vecindario demostraban poco o ningún interés. Ansioso por tener todo el juego de libritos, un día le dije: «¿Por qué no me trae la Biblia completa de una vez?» En su próximo viaje, el hombre de Nazaret me la trajo.

De las historias sobre la vida de Jesús que había aprendido en la escuela, recorté cuadros de diferentes folletos y puse la vida de Cristo en orden, haciendo así mi propio y especial volumen.

Para mí, aquello era un tesoro. Durante años guardé el libro en mi cuarto y las historias de Jesús las repasaba interminablemente.

CLIC, CLIC, CLIC

Tanto en la tradición griega ortodoxa como en la católica hay un fuerte énfasis en los milagros y en la sanidad. Mi madre añadió a sus creencias remedios caseros del Cercano Oriente y a menudo los aplicaba en sus hijos.

Un día en que me sentía con gripe me dijo que me acostara sobre mi estómago. Luego tomó algunos vasos de vidrio, puso pequeñas bolas de algodón a las que había aplicado alcohol, y las encendió.

Uno por uno fue poniendo boca abajo los vasos en mi espalda. Serían unos veinte. Como el fuego necesita oxígeno, se extinguía rápidamente y yo podía sentir la succión, sacándome el resfriado junto con los vasos que retiraba mi mamá de mi espalda. Cuando los quitaba, se podía oír un *click, click, click*. Mi madre, mostrándome los algodones que habían adquirido una tonalidad verdosa, me dijo: «Mira, Benny. Aquí está tu resfriado».

Este método, de «succionar un resfriado» se sigue practicando el día de hoy.

También puedo recordar cuando mi madre tenía una enfermedad que le provocaba erupciones en la piel. Muchas de ellas sangraban y se mantenían así por semanas.

Mi madre no sabía qué hacer con ese mal, hasta que una mujer se presentó en nuestra casa y le dijo: «Cúbrase el cuerpo con hojas de higuera».

Nosotros nos reímos y pensamos que la mujer estaba loca. Mi madre, sin embargo, siguió el consejo. A la siguiente mañana las erupciones se habían ido. Y nunca más regresaron.

Años después, mientras leía el Antiguo Testamento, me encontré con este versículo que se refiere a una enfermedad que tenía Ezequías y a la instrucción de Isaías: «Tomen masa de higos, y pónganla en la llaga, y sanará» (Isaías 38.21). ¡Y Ezequías sanó!

LO MIRÉ A LOS OJOS

La gente me pregunta: «Benny, ¿cuándo el Señor empezó a moverse en su vida?»

A la edad de once años, Dios me habló a través de una visión en la noche. Aquella fue la única vez que experimenté algo así en mi infancia en Jope. Lo recuerdo como si hubiese sido ayer. Vi a Jesús entrar en mi cuarto. Vestía una túnica más blanca que el blanco y un manto rojo oscuro cubría sus hombros.

Lo vi completo: su pelo, sus ojos, y las marcas de los clavos en sus manos.

En esta temprana edad de mi vida yo no conocía a Jesús. Por supuesto, no le había pedido que viniera a vivir a mi corazón. Pero en el momento en que lo vi supe que era el Señor.

Cuando ocurrió esto yo estaba dormido. Mi cuerpo de niño fue dominado por una sensación tan increíble que solo la puedo describir como «eléctrica». Me sentí cargado de electricidad, como si alguien me hubiese conectado a la corriente. Sentí un entumecimiento y como si un millón de agujas se clavaran en mi cuerpo. En ese momento, el Señor se paró ante mí y me miró con los ojos más hermosos que jamás he visto. Sonrió y abrió sus brazos. Pude sentir su presencia. Aquello era maravilloso.

No dijo nada. Solo me miró, y desapareció.

En ese mismo instante desperté. De primer momento no pude entender bien lo que había ocurrido. Dios me había permitido tener una visión que habría de dejar una impresión indeleble en mi joven vida.

Ya bien despierto, la maravillosa sensación seguía allí. Abrí mis ojos y miré a mi alrededor, pero este tremendo poder que nunca antes había experimentado seguía fluyendo a través de mí. Me sentía completamente paralizado. No podía mover ni un solo músculo. Sin embargo, estaba en control de la situación. Este sentimiento inusual e indescriptible me inundó, pero no me dominó. Aquella fue la primera vez que Jesús tocó mi vida.

A la mañana siguiente se lo conté a mi madre. Ella todavía recuerda lo que me dijo: «Entonces tú tienes que ser un santo».

Pero lo que en realidad creía mi mamá era que si Jesús había venido a verme, era porque quería prepararme para un llamado importante.

¡TRAER EL FUEGO SAGRADO!

Cada año, la víspera de Semana Santa, las iglesias de nuestra área escogían a cinco representantes para que viajaran a Jerusalén el «sábado del fuego sagrado». Mi padre siempre estuvo en el comité, y el sacerdote me pidió que fuera con los hombres.

El propósito del viaje era traer la Luz Sagrada, un fuego que se decía que aparecía milagrosamente, una vez en el año, dentro de la tumba donde estuvo Cristo para dar testimonio de la Resurrección. Era un gran honor, a la vez que inusual que se le diera esta oportunidad a un niño.

Salimos de Jope temprano el sábado por la mañana. Nuestro destino inmediato era la Iglesia Griega Ortodoxa al oeste de Jerusalén. Allí se reunían representantes venidos de todos los lugares de Israel.

Es importante entender que durante esos años, los ciudadanos israelitas no podían viajar a la Iglesia del Santo Sepulcro que era el lugar donde está la tumba de Jesús. Esto era antes de la guerra de los seis días, en el año 1967. La iglesia estaba ubicada al este de Jerusalén, en territorio que pertenecía a Jordania, y que aun estaba en guerra con Israel.

Mientras esperábamos tenían lugar los tan esperados acontecimientos. Este era el día cuando se creía que descendía al Santo Sepulcro el fuego del cielo. Así ha sido por siglos.

Cuando el patriarca y su séquito entran a la basílica, la aglomeración de gente es impresionante. Es posible que usted haya visto esta celebración por televisión. Miles de adoradores, expectantes, sostienen velas. Al mediodía las luces salen y el patriarca entra a la tumba para esperar la Luz Sagrada.

A medida que el momento se acerca, la gente empieza a

cantar en alta voz: «¡Señor, ten misericordia! ¡Señor, ten misericordia!»

Se dice que en cierto momento dentro del sepulcro, se aparece la Luz Sagrada y enciende una pequeña lámpara de aceite colocada cerca de allí. Después de leerse las oraciones, el patriarca usa la lámpara para encender dos grupos de treinta y tres velas que sostiene. Cuando sale de la tumba, se produce un gran regocijo. Las campanas empiezan a tocar y se celebra la resurrección de Cristo a través de pasar el fuego primero a los representantes oficiales de las iglesias Ortodoxa y Armeniana y enseguida a la multitud allí reunida.

La luz divina es inusual. Se dice que tiene un matiz azulado y los sacerdotes dicen que en el primer momento de su aparición no les quema ni las manos ni el rostro. Cada año, peregrinos dicen haber visto luces de velas espontáneamente.

En un momento específico nos dirigimos a la Puerta Mandelbaum, resguardada por fuerzas militares y que separa a la Jerusalén del este y del oeste para esperar el paso del Fuego Sagrado de uno a otro lado. El momento fue especial para mi padre y para mí porque al otro lado de la frontera resguardada por alambre de púas estaba mi tío Michael, que siempre viajaba desde Ramallah para la ocasión.

A la distancia, podíamos ver a los peregrinos caminando hacia nosotros con sus velas ardiendo, listos para pasar la Luz Sagrada a la gente que llevaría la llama a sus iglesias para la Semana Santa.

Cada iglesia tenía lámparas de aceite especiales que podían mantener la luz alumbrando durante todo el año. Justamente, antes de Semana Santa, la llama se extinguía y se esperaba la nueva luz de la resurrección.

En el camino de regreso a Jope, pueblo tras pueblo, la gente nos esperaba con sus velas sin encender, como Remla y Lod. Yo me sentía privilegiado. Uno de los hombres del grupo me dijo: «Benny, tú eres el único niño en Israel que lleva el Fuego Sagrado a las iglesias».

Cuando mi padre y yo llegamos por fin a casa, al final de los acontecimientos de ese día, yo estaba demasiado emocionado como para sentir cansancio. Además, al día siguiente era Semana Santa.

Para marcar el día especial, una patrulla de Boy Scouts a la cual yo pertenecía realizaba un desfile anual que iba desde el Club de la Iglesia Griega Ortodoxa (en el segundo nivel de nuestra casa) hasta la iglesia St. George.

Llevábamos banderas y tocábamos trompetas y tambores. De nuestra casa a la iglesia la gente se alineaba en las calles, esperando el paso de nuestra patrulla. ¡Era Semana Santa! Tiempo de celebrar.

Mi mayor emoción ese día no era marchar en un desfile o hacer ondear una bandera. En la iglesia St. George, miraba la parpadeante luz de las lámparas y decía: «Gracias, Señor, por permitirme traer el Fuego Sagrado!»

CAPÍTULO 4

El tumulto

«¿Cuánto falta para partir?», preguntaba ansioso a mi madre.

«No falta mucho», me contestaba, sonriendo. «Pronto verás a tu abuela».

Aunque la abuela Amal vivía a menos de dos horas de allí, la bien fortificada frontera que separaba a Israel de las naciones árabes era una barrera que dividía a nuestra familia. Cuando durante el conflicto de 1948 la familia de mi madre decidió abandonar Jope y dirigirse a Jordania, no sabían cuán permanente sería el aislamiento de sus familiares.

Durante aquellos años, la ley prohibía estrictamente que la gente transitara por allí, pasando de un lugar al otro. La única excepción eran tres días cada año durante la Navidad. El gobierno jordano había firmado un tratado con Israel permitiendo a las familias que visitaran a sus seres queridos en la margen occidental, pero solo durante la Navidad.

«No tiene usted una idea de lo felices que estábamos durante nuestro viaje anual a su casa en Ramallah», le dije a mi tía, Chafouah, recientemente. «No fue solo tu familia la que estaba contenta», me respondió. «Aquella visita quedó en nuestros recuerdos como lo más importante que nos sucedió ese año».

Como no teníamos automóvil, mi padre alquiló un taxi para el viaje a la frontera. Desdichadamente, no pudo hacer todo el viaje con nosotros. Sus superiores israelíes le dijeron: «Señor Hinn, debido a su posición con el gobierno, creemos que sería demasiado peligroso cruzar la margen occidental y llegar hasta Ramallah».

Como mi padre tenía muchas amistades en la frontera, pudimos pasar sin problemas.

Como siempre, era mi tío Michael, en su bien conservado Ford-T, quien nos esperaba en el lado jordano. Nos dio un gran abrazo y nos llevó hasta completar el viaje. La casa de la abuela estaba, como siempre, llena de parientes, incluyendo al tío Boutros y su familia que habían llegado del Líbano.

En los tiempos de mi infancia no se acostumbra intercambiar regalos caros durante las fiestas. El mayor interés era que la familia estuviera junta. Durante Semana Santa y Navidad, mis tías y tíos nos daban monedas que nosotros gastábamos sin demora comprando helados y confites.

Ramallah estaba llena de estas cosas. Antes que mi abuelo Salem muriera, era dueño de una pequeña tienda donde vendía sándwiches y dulces. Nos permitía el acceso directo a los frascos llenos de confites.

LINDA FAMILIA

Yo sentía un amor muy grande por la familia de mi madre, debido a que me aceptaban a pesar de mi tartamudez. Otros se burlaban, pero no la familia Salameh.

En su casa me hice un extrovertido.

«¿Cuándo vas a presentar tu comedia?» me preguntaban mis primitos. Se referían a una especie de parodia que yo organizaba cada año durante nuestra visita.

Durante aquellos años había en la televisión regional una comedia muy popular, titulada ¡Doctor, doctor, sígame!

Nosotros hacíamos nuestra propia versión de ese programa y la completábamos con danzas y canciones típicas. ¡Si nos hubieran visto a mí, Willie, Chris y nuestros primos entreteniendo a una multitud de familiares que reían felices!

Para Navidad, uno de mis tíos hacía de Papá Noel. Nos regalaba juguetes y leía la historia del nacimiento de Jesús.

Por muchos años, permanecíamos en Ramallah durante tres días. Y aunque nuestra visita era breve, no se han borrado de mi memoria aquellos tiempos tan lindos.

¡A LA BASURA!

Era imposible vivir en Israel durante los años 60 sin sentir la tensión por los problemas políticos. Casi diariamente había noticias de enfrentamientos a lo largo de la frontera de Egipto al Líbano.

Nuestra casa, a diferencia de la mayoría de las familias en Jope, parecía una pequeña oficina de Naciones Unidas. En el porche y en la sala de estar se podían encontrar musulmanes, cristianos y judíos conversando durante horas.

Una tarde, cuando yo tenía doce años, un general del ejército israelí que era amigo de mi padre, detuvo su vehículo frente a nuestra casa.

Como la casa estaba en un cerrro, se aseguró que las ruedas quedaran vueltas hacia la cuneta. Cada vez que él nos visitaba, mis hermanos y yo nos subíamos al *jeep* y jugábamos a que éramos soldados. Este día, me encontraba en el asiento de atrás con el pequeño Henry. Willie estaba en el asiento de adelante y Chris estaba sentado al volante. No sé cómo, Chris puso el vehículo en neutro, enderezó las ruedas y el vehículo empezó a moverse. Un vecino vio lo que estaba pasando y corrió justo a tiempo para rescatar a Henry. Willie y Chris saltaron del vehículo y yo me quedé solo en el *jeep*.

Cuando el *jeep* estaba a punto de chocar, salté al contenedor de basura del vecindario, que se encontraba en la parte más baja del cerro. El vehículo se volcó, dando tres o cuatro tumbos. Quedó inservible.

¡No quisiera profundizar mucho en los problemas que tuvimos con papá! Más bien quisiera destacar que el general tomó las cosas con bastante calma.

INTENSA PRESIÓN

Doy gracias a Dios que crecí en un hogar donde no había lugar para el odio ni para el resentimiento. A menudo, mi padre decía: «No mires las cosas desde un solo lado de la mesa. Siempre míralas desde los cuatro lados».

Una noche nos pidió a todos los niños de la familia que nos reuniéramos. «Caballeros», empezó diciendo, «las fuerzas en el Cercano Oriente estarán siempre en conflicto. Aun cuando haya paz, siempre habrá políticos». Y continuó: «Cuando nací, había problemas. He vivido y viviré en medio de problemas, y cuando muera, seguirán habiendo problemas».

Durante los primeros meses de 1967, de lo más que se hablaba en las calles de Jope era de la guerra. Egipto estaba haciendo sonar sus sables e Irak y Arabia Saudita habían asegurado su solidaridad a las naciones árabes que rodeaban a Israel. La cuestión no era si habría guerra, sino cuándo estallaría.

En nuestra comunidad podía sentirse la intensa presión para tomar partido aunque nuestra familia no tenía tal preocupación. La gente sabía que nosotros éramos cristianos griegos ortodoxos y probaba nuestras lealtades. Más de una vez mi padre fue amenazado físicamente por rehusarse a apoyar a un grupo o a otro. En cada esquina veía asomarse el odio. Y pensaba: *¿Por qué no nos vamos de una vez?* Mis hermanos y hermanas sentían lo mismo. Sin duda que en cualquier lugar estaríamos mejor: Bélgica, Inglaterra. Queríamos escapar de esa atmósfera enrarecida.

¿QUIÉN VA GANANDO?

La mañana del lunes 5 de junio de 1967 me encontraba en la escuela cuando las sirenas empezaron a sonar. Inmediatamente nos mandaron para la casa.

Nos reunimos alrededor del receptor de radio para escuchar las noticias procedentes de El Cairo. Con marchas militares como fondo, el locutor anunciaba: «Nuestras fuerzas están derrotando al enemigo en todos los frentes».

Nos miramos unos a otros y nos dijimos: «Deben de estar cerca. En cualquier momento se van a aparecer por aquí». Estábamos listos para lanzarnos dentro de nuestros refugios.

Esa noche, los vecinos vinieron a nuestra casa donde no brillaba ninguna luz para escuchar las noticias de Egipto. Los informes no habían variado. Las fuerzas egipcias avanzaban a través del Sinaí e Israel parecía estar sufriendo derrotas masivas en el aire, en tierra y en el mar. «¿Dónde están los aviones?» nos preguntábamos mientras mirábamos al cielo, hacia el sur.

Los días segundo y tercero, si las noticias procedentes de El Cairo eran ciertas, las fuerzas israelíes tenían que haber sido derrotadas tres o cuatro veces.

Los egipcios que desobedecían las órdenes del gobierno y escuchaban a la BBC impusieron la verdad de lo que estaba ocurriendo. En el ataque de sorpresa que Israel lanzó en las primeras horas del lunes quedó destruida la mayor parte de los aviones MiG-21s, cuando todavía se encontraban en tierra. El primer día de guerra se atacaron diecinueve aeropuertos egipcios.

Al concluir el segundo día, Israel había destruido 416 aviones egipcios y 100 mil soldados de ese país estaban en franca retirada. En una semana histórica, Israel capturó todo el Sinaí, la margen occidental y las alturas de Golán, expandiendo en forma significativa sus fronteras.

Ramallah, la ciudad donde vivía la familia de mi madre, fue el escenario de una intensa batalla. Cuando las balas dejaron de volar, ya ese territorio no pertenecía a Jordania. Ahora estaba en manos israelíes.

«¿Qué le habrá ocurrido a mis familiares?» preguntaba mi madre una y otra vez. Estaba desesperada por saber algo.

Una semana después de la guerra, recuerdo haber visto a mi padre vestido con uniforme de fatiga israelí. Su conducta se veía misteriosa y hablaba muy poco. Esa noche no vino a la casa a dormir.

Sin embargo, a la mañana siguiente llegó con noticias fantásticas. «Tus familiares están bien», anunció orgullosamente a mi madre. Le dijo que oficiales israelíes le habían dado ese uniforme y lo habían llevado hasta Ramallah, en la margen occidental. Yo estaba maravillado que mi padre se hubiera ganado tal respeto y confianza del gobierno israelí.

Aunque su visita fue breve, constituyó una gran fuente de tranquilidad para mi madre.

«¡NOS VAMOS!»

No me había dado cuenta, pero mi padre pensó antes que nosotros como familia en salir de Israel.

Aproximadamente un año antes de la Guerra de los Seis Días, uno de sus compañeros de trabajo le había dicho: «Costandi, tienes que proteger a tu familia. Creo que deberías pensar seriamente en abandonar el país».

Durante meses, mi padre había hablado privadamente con sus amigos árabes sobre detalles acerca de inmigrar. Él era miembro activo en clubes de servicio internacional y muy relacionado con diplomáticos que vivían en nuestra área. Días tras día iba juntando valiosa información que habría de afectar el futuro de su familia.

A principios de 1968, nos reunió para anunciarnos que había venido haciendo planes para que saliéramos del país. «No lo comenten con nadie pues podríamos tener problemas para conseguir autorización para salir», nos dijo.

En un momento, pensó en Bélgica, porque tenía algunos familiares allí. Me gustó la idea porque yo conocía el francés. Aunque, obviamente, estaba listo para ir *a donde fuera*.

Algunos días más tarde, sin embargo, nos visitó un funcionario de la embajada de Canadá y nos mostró una película breve sobre la vida en su país. Toronto parecía una ciudad excitante.

Dos hermanos de mi padre ya vivían en Canadá, pero dudábamos que fueran lo suficientemente solventes como para ser nuestros patrocinadores oficiales.

CONTRATO CON DIOS

¡Oh, cuánto deseaba salir de ese turbulento Medio Oriente! Una tarde, solo, caí sobre mis rodillas e hice un trato con Dios. «Señor», le dije, «si nos sacas de aquí, te traeré el frasco más grande de aceite de oliva que pueda encontrar». Y añadí: «Cuando lleguemos a Toronto, lo llevaré a la iglesia y te lo presentaré como una ofrenda de acción de gracias».

Por ese tiempo, hacer tratos con Dios no parecía algo fuera de lugar. Y el aceite de oliva, que se usaba en las lámparas, era un artículo muy valioso para la Iglesia Ortodoxa Griega. Así es que hice el trato.

Alrededor de una semana después, alguien de la embajada de Canadá llamó por teléfono a mi padre diciéndole: «Señor Hinn, ya tenemos todo listo. No me pregunte cómo, pero todos sus papeles están en orden. Pueden viajar cuando quieran».

Casi de inmediato vendimos nuestras posesiones y empezamos a prepararnos para nuestra nueva vida en América del Norte.

No éramos una familia rica. El costo de los tiquetes aéreos y los gastos para establecer nuestro nuevo hogar superaban nuestra capacidad financiera. Varios milagros hicieron posible nuestro traslado a Canadá. La Iglesia Ortodoxa Griega nos puso en contacto con algunas agencias que ayudaron a patrocinar nuestro viaje con fondos que pagamos después de estar instalados en Toronto. Además, nuestros vecinos, la familia Bahou, estaban relacionados con una agencia de viajes que nos ayudó con los tiquetes. Y los oficiales israelíes con quienes había trabajado mi padre extendieron al gobierno canadiense una declaración dando fe de la honorabilidad de Costandi Hinn.

En los comienzos de los 40, mi padre estaba en la flor de la vida y tenía un futuro asegurado; sin embargo, puso a su familia primero. Sacrificó su futuro y se olvidó de sus sueños para que nosotros pudiéramos tener los nuestros.

Durante los últimos días en Tierra Santa, mi piel me hormigueaba de la alegria. Yo no sabía cómo o por qué, pero me parecía que había un gran mañana para mí.

Jonás salió de la bahía de Jope y el resultado fue la salvación de Nínive. Pedro oyó la voz de Dios en Jope y llevó el mensaje a Cesarea y hasta lo último de la tierra.

Yo era apenas un niño. Pero cuando el inmenso avión dejó el aeropuerto de Tel Aviv, se me hizo un nudo en la garganta. Me pregunté: *¿Volveré a ver a las maravillosas monjas católicas que me enseñaron con tanta dulzura? ¿Vería de nuevo al padre Gregorio?*

Al girar el avión y dirigirse hacia las azules aguas del Mediterráneo, miré atrás y di mi último adiós al lugar más santo que jamás haya conocido.

CAPÍTULO 5

DESDE EL QUIOSCO A LAS CATACUMBAS

Cuando la familia Hinn pasó por la aduana en Toronto, no había alfombra roja ni banda de músicos. Éramos inmigrantes entrando silenciosos a una nueva tierra y enfrentando un futuro incierto. Llegamos con nuestra ropa llevada sobre la espalda, unas pocas posesiones en las maletas y un poco de dinero de lo que habíamos vendido en Jope, suficiente para mantenernos un poco de tiempo.

Nuestro padre no tenía ninguna promesa de trabajo, y la casa que habitaríamos era un pequeño apartamento alquilado. Qué impresión la de pisar de pronto tierra en una cultura «extraña». Yo creía que sabía inglés como producto de haber visto televisión cuando niño procedente de los Estados Unidos, pero me apabulló estar inmerso completamente en este nuevo idioma.

Mi padre, que hablaba un mejor inglés que todos los demás miembros de la familia, llenó nuestras solicitudes de empleo y aceptó un trabajo de vendedor de seguros. Nunca sabré si fue la presión de mantener una gran familia o la confianza de relacionarse con gente, pero papá pronto fue un éxito en su nueva ocupación. Solo unos pocos meses después de haber llegado a Canadá, nos mudamos a nuestra nueva casa, en la sección de Crossbow Crescent y North York, en Toronto, no lejos del Fairview Mall. Nos sentíamos orgullosos de nuestro nuevo entorno.

En lugar de ir a la playa los sábados, ahora los domingos nos íbamos a almorzar en un parque cerca de casa. Los hermanos de mi padre, Elías y Raouf con sus familias nos visitaban con regularidad. Elías había llegado a Toronto vía Bélgica y

Raouf, con su esposa y trece hijos vino a Canadá directamente de Jope. Los hombres fumaban y hablaban de política, las mujeres cuchicheaban y nosotros perseguíamos a nuestros primos por el parque. En nuestra casa al menos una vez al mes había una gran fiesta donde todos se divertían y bailaban al ritmo familiar de la música árabe.

¡ESTÁS CONTRATADO!

Por primera vez en mi vida asistí a una escuela pública, la escuela secundaria Georges Vanier. Y como la mayoría de los estudiantes de mi edad tenían trabajos de medio tiempo, yo también quise tener uno.

En el Mall Fairview había un pequeño quiosco que vendía perros calientes y helados. Aun cuando no tenía experiencia previa en materia de trabajo, el jefe me dijo: «¡Quedas contratado!» De modo que ahí era donde podían encontrarme cada día después de clases.

Mi primer día de paga, llevé el cheque a mi casa y, alborozado, se lo mostré a mamá. «Mira», le dije: «¡Esto es mío. Tiene mi nombre!»

Al sábado siguiente, fui a la tienda de comestibles y le pregunté al administrador: «¿Dónde puedo encontrar el aceite de oliva? Necesito la botella más grande que tenga». Me trajo lo que yo andaba buscando

El domingo por la mañana fui orgulloso a la Iglesia Griega Ortodoxa y cumplí el trato que había hecho con Dios en Jope. Puse el aceite en el frente del altar y respetuosamente dije: «Gracias, Señor. Gracias por traernos sanos y salvos hasta nuestro nuevo hogar».

¿TERMINASTE, BOB?

Debido a mi problema de tartamudez, cuando trabajaba en el quiosco no era muy conversador que digamos, pero sí me hice un experto en servir el helado. Mi compañero en el trabajo se llamaba Bob.

«¿Qué es esto?» Le pregunté un día en 1970 cuando llegué al trabajo. El quiosco lucía extraño. En todas las murallas había clavado cintas de papel con versículos bíblicos escritos en ellas. Pensé, *¿Qué le pasa a este tipo?*

Antes, Bob me había contado que él era cristiano, pero bastante diferente a un miembro de la Iglesia Griega Ortodoxa. *¿Para qué tantos versículos bíblicos?*, me pregunté. *¿Serán para mí? ¡Probablemente yo conozca mejor la Biblia que él!*

Lleno de curiosidad, le pregunté. «¿Para qué son esos pedazos de papel?» Era lo que estaba esperando. Casi instantáneamente, empezó a hablarme de Jesús, y cómo Él había muerto en la cruz por mis pecados. Creí que nunca dejaría de hablar. Y cuando finalmente lo hizo, decidí que tenía que mantenerme lo más alejado posible de ese imbécil. No sirvió de nada. A menos que hubiese estado dispuesto a perder el trabajo, tenía que estar con él en aquel quiosco todas las tardes.

Bob era incansable. Una y otra vez volvía sobre el tema de la religión, e incluso más, siempre hablaba de ser un «nacido de nuevo», algo que no formaba parte de mi comprensión de las Escrituras.

Respiré un poco cuando finalmente Bob renunció a su trabajo en el quiosco. Sin embargo, muchos de sus amigos, «almas salvadas», eran alumnos de mi escuela de modo que por los siguientes dos años los evité lo más que pude. Yo pensaba: *¡Qué partida de locos!*

Su punto de vista de la religión me parecía tan contrapuesto a lo que me habían enseñado las monjas católicas y el sacerdote ortodoxo.

Dios, sin embargo, encontró la manera de atraer mi atención.

UN PRECIPICIO INTERMINABLE

Durante mi último año en Georges Vanier y por segunda

vez en mi vida, tuve un encuentro con el Señor. Esta vez vino en la forma de un sueño inolvidable.

En Jope, cuando tenía 11 años, la visión de Jesús parado ante mí me dejó un recuerdo indeleble. Sin embargo, ahora en Toronto mi estilo de vida era diferente. No estaba participando en el estudio de las Escrituras. Sí, seguía asistiendo a la iglesia, pero lo que iba a experimentar vino como una sorpresa, totalmente inesperada.

Permítanme relatarles lo que ocurrió en mi cuarto aquella fría noche de febrero de 1972, cuando tenía 19 años de edad.

A medida que el sueño se desarrollaba, me veía descendiendo por una escalera larga y oscura. El terreno era tan escarpado que temía caerme y me estaba llevando a un abismo profundo e interminable.

Es más, me encontraba atado con una cadena a un prisionero frente a mí y a otro detrás de mí. Estaba vestido como un convicto. Tenía cadenas alrededor de mis tobillos y de mi cintura. Hasta donde podía alcanzar mi vista hacia adelante y hacia atrás, la fila de cautivos era interminable.

El pozo tenía una luz difusa y a pesar de eso podía ver la niebla y ver a una docena de pequeños hombrecitos moviéndose por ahí. No podía ver sus rostros, y apenas distinguía sus cuerpos. Parecían diablillos con grandes orejas. Ellos eran los que nos arrastraban por la escalera hacia abajo. Parecíamos un puñado de animales caminando hacia el matadero, o quizás peor aun. Luego, en medio de un destello apareció el ángel del Señor. Su apariencia era gloriosa. Y el ser celestial se paró justo a unos pasos delante de mí.

¡Qué espectáculo! Un ángel brillante y hermoso en medio de ese hueco oscuro y tenebroso.

Casi instantáneamente... el ángel me miró a los ojos e hizo un movimiento con la mano indicándome que me acercara a él. No podía apartar mis ojos de los suyos, y empecé a caminar hacia donde estaba. De pronto, las cadenas cayeron de mis manos y de mis pies. Ya no estaba unido a los demás prisioneros.

Rápidamente, el ángel me llevó a través de una puerta abierta hasta un lugar hermosamente iluminado. En el momento que hube traspuesto la puerta, el ser celestial me tomó de la mano y me llevó hasta el «Don Mills Road», cerca de la esquina de la escuela George Vanier. Me dejó a solo pulgadas del muro de la escuela, justo al lado de una ventana.

Dentro de dos o tres segundos el ángel desapareció.

Me pregunté, *¿Qué significará todo esto?*

¿ME PODRÁ CAUSAR DAÑO?

A la mañana siguiente desperté temprano y corrí a la escuela antes que comenzaran las clases. Necesitaba estudiar en la biblioteca. Me senté ante una gran mesa. Estaba concentrado en la lectura cuando un grupo de estudiantes se me acercó. Inmediatamente entendí que eran los mismos que me habían estado dando todos esos «Jesús dice».

«¿No querrías acompañarnos en nuestra reunión de oración de esta mañana?» Me preguntó uno de ellos. Me señalaron una sala que estaba fuera de la biblioteca. *Pensé que si aceptaba a lo mejor me los quitaría de encima. Además, después de todo, una pequeña reunión de oración no me iría a causar daño.*

«Está bien», les dije mientras ellos se dirigían a la sala. No era un grupo muy grande, solo doce o quizás quince estudiantes. Mi silla, sin embargo, estaba en el medio de ellos.

Todos los miembros del grupo alzaron sus brazos al cielo y empezaron a orar en un idioma que yo nunca había oído antes. Mis ojos eran del tamaño de un plato. Todos estos eran estudiantes a quienes yo conocía pero que ahora hablaban con Dios en un idioma que no entendía.

Hasta ese momento de mi vida, nunca había oído hablar en lenguas y me sentía maravillado. Me encontraba en una escuela pública rodeado de un puñado de fanáticos a quienes no entendía. Todo lo que pude hacer fue observar.

Dos o tres minutos después, algo impresionante ocurrió. De muy dentro de mí surgió una necesidad urgente de orar; tristemente, no sabía qué decir. Cada noche oraba a María, a José y a todos los santos, pero el «Dios te salve María» no parecía muy apropiado con lo que estaba sintiendo.

En mis años de instrucción religiosa nunca me habían enseñado la «oración del pecador».

Mi mente volvió velozmente atrás, al quiosco, cuando Bob me decía: «¡Tienes que conocer a Jesús! ¡Tienes que conocer a Jesús!»

¿Conocerlo? Yo creía que ya lo conocía.

«VUELVE»

Para mí, la situación era incómoda. Estaba rodeado de estudiantes que adoraban aunque ninguno estaba orando conmigo, o por mí. Sin duda, esta era la atmósfera más intensamente espiritual en que me había encontrado.

Nunca había cruzado por mi mente la idea que yo era un pecador. Más bien era un católico devoto que oraba cada noche y confesaba, lo necesitara o no.

En medio de esa sala, cerré mis ojos y dije cuatro palabras que cambiaron mi vida para siempre. En voz alta, dije: «¡Señor Jesús, vuelve!»

¿Qué quería decir con eso? ¿Estaba queriendo significar que Jesús se había ido de mi vida? No tenía respuestas. Pero en cuanto hube pronunciado esas palabras, algo vino sobre mí que me llevó al entumecimiento que había sentido cuando tenía 11 años. No era tan intenso, pero sentí la descarga de la misma fuerza que surgía de mí. Entonces dije al Señor: «¡Ven a mi corazón!» ¡Qué glorioso momento fue ese!

Su poder me estaba limpiando de adentro hacia afuera. Me sentía completamente limpio y puro.

De pronto, en un momento del tiempo, vi a Jesús. Allí estaba. Jesús, el Hijo de Dios.

Los estudiantes continuaban orando, sin saber lo que estaba teniendo lugar en mi vida. Luego, de uno en uno, empezaron a salir de la sala y a dirigirse a clases.

Miré el reloj. Faltaban cinco minutos para las ocho. Me senté llorando, sin saber qué hacer o decir.

En esa sala de clases, aunque no lo comprendí cabalmente, Jesús se hizo real a mí. Aunque mi oración había sido tan sencilla, me daba cuenta que algo extraordinario había ocurrido ese lunes en la mañana del mes de febrero.

Salí rápidamente al pasillo y corrí para llegar a tiempo a mi clase de historia, una de las asignaturas preferidas. En ese semestre estábamos estudiando la Revolución China. Pudo haber sido *cualquiera* revolución, porque esa mañana no oí ni una palabra de lo que dijo el profesor. Lo que había experimentado minutos antes no me dejaba. Cuando cerré mis ojos, allí estaba Jesús. Cuando los abrí, seguía allí. Nada pudo borrar la imagen del rostro del Señor que yo seguí viendo durante todo el día.

Estoy seguro que muchos estudiantes se preguntaban qué me pasaría que estaba llorando. Todo lo que podía decir era: «¡Jesús, yo te amo! ¡Jesús, yo te amo!»

Cuando salí de la escuela, caminé hasta la esquina del edificio de la escuela y me asomé a una de las ventanas de la biblioteca. En ese mismo instante, lo entendí todo: el ángel, el sueño. Todo.

Me pregunté, *¿Qué será lo que Dios estará tratando de decirme? ¿Qué irá a ocurrir en mi vida?*

ABRIR EL LIBRO

En mi cuarto había una gran Biblia de tapas negras. No recuerdo cuándo ni cómo llegó allí. Había sido mía por años. En realidad, era la única Biblia que había en casa.

Estoy seguro que no había sido abierta desde nuestra llegada al Canadá. Ahora me sentía atraído a ella como por una fuerza magnética. Me senté en el borde de la cama, abrí el sagrado libro y oré: «Señor, tendrás que explicarme lo que ha ocurrido hoy».

Busqué el Nuevo Testamento y allí, los Evangelios, y empecé a empaparme de ella como una esponja. En esos momentos no era consciente que el Espíritu Santo me había tomado como su alumno.

Los estudiantes que me llevaron a aquella reunión de oración no corrieron a mí para decirme, «Ahora, esto es lo que dice la Biblia». De hecho, ellos no tenían idea de lo que había ocurrido durante las últimas veinticuatro horas.

Y también estaban mis padres. Ante el temor de una reacción negativa por parte de ellos, no les dije ni una palabra a ninguno de los dos.

Había estado leyendo solo unos pocos minutos cuando me encontré diciendo en voz alta: «Jesús, me rindo completamente a ti. Por favor, Señor Jesús, hazte cargo de mi vida».

El plan de la salvación se hacía real en cada versículo. Me decía una y otra vez: «¡Nunca había visto esto antes!» O, «¡No sabía que esto estaba en la Biblia!» Las Escrituras adquirieron un valor real y empezaron a habitar en mí.

La tarde dio lugar al crepúsculo y luego a la noche. No dejé de leer en aquella Biblia con tapas negras sino hasta las tres o cuatro de la mañana. Finalmente, me dormí, con una paz y una tranquilidad en mi corazón que nunca antes había conocido.

A la mañana siguiente esperé con dificultad la hora de irme a la escuela. Busqué a aquellos «fanáticos» y cuando los hube encontrado, les dije: «Quiero que me lleven a su iglesia».

«Seguro», dijeron, con una sonrisa en sus rostros. «Nos reunimos todos los jueves en la noche y estamos seguros que te gustará».

UNA CONGREGACIÓN EXTRAÑA

La llamaban «las catacumbas» aunque no estaba escondida

bajo tierra. Yo ignoraba completamente lo que habría de experimentar con mis nuevos amigos.

Esta era una iglesia totalmente diferente a las que yo había asistido. Cuando entramos al santuario de la Catedral St. Paul, una iglesia anglicana en el centro de Toronto, había más de dos mil jóvenes con sus manos levantadas al cielo, alabando a Dios, cantando y danzando ante el Señor.

Eran los días del movimiento conocido como «Gente de Jesús» o «Jesus people». El salón estaba lleno de «hippies» nacidos de nuevo que seguían con su pelo sin cortar. Brincaban alegremente, provocando un gozoso ruido. Me costaba creer que realmente existiera un lugar como este. De alguna manera que no entiendo, desde la primera noche me sentí en casa. Y, después de lo que había experimentado dos días antes, yo también alcé mis manos y empecé a adorar a Dios.

Los pastores de esta extraña congregación eran Merv y Merla Watson. Merv era un talentoso director de banda de la secundaria que había experimentado un cambio en su vida mediante el Espíritu Santo. Merla era talentosa compositora de himnos y directora de la alabanza. Algunos de los estudiantes de Merv le habían preguntado si podría ayudarles a comenzar un club cristiano en la escuela. Decidieron llamarlo el «Club de las Catacumbas» porque creían que los tiempos que vivían les recordaban los últimos días del Imperio Romano.

«Comenzamos con solo seis niños en una escuela de seiscientos», me dijo mas tarde Merv. «Luego el número creció a cien, a trescientos, a quinientos, y más». Watson fue nombrado presidente de la organización para promover el arte cristiano en Canadá «Christian Performing Arts of Canadá», que organizaba festivales de música gigantes. Las catacumbas siguieron creciendo hasta el punto que tuvieron que trasladarse a St. Paul para acomodar a las multitudes. El servicio de aquella noche duró más de tres horas aunque parecieron treinta minutos.

Al concluir, Merv Watson anunció: «Quisiera que todos los que deseen hacer confesión pública de sus pecados pasen al frente. Oraremos mientras ustedes piden a Cristo que venga a su corazón».

Yo no entendía mucho sobre el poder de Dios, pero sentía una comezón por dentro. Pensé, *no creo que deba ir adelante porque ya soy salvo*. Estaba convencido que el Señor había tomado control de mi vida en cinco u ocho minutos el lunes por la mañana. Hoy era jueves.

Pero de alguna manera, no pude controlarme. Empecé a caminar hacia adelante todo lo rápido que pude. Una voz dentro de mí me decía, *apúrate*.

Aquí, en un servicio carismático en una iglesia anglicana, un católico profesante de un hogar griego ortodoxo, aceptaba a Cristo públicamente. «Jesús», dije: «Te pido que seas el Señor de mi vida».

Nada en la Tierra Santa podía compararse con esto. Jesús no era una imagen ni una estatua en una catedral. ¡Estaba vivo y vivía en mí... en Toronto!

En mi regreso a casa, todo el camino lo hice sonriendo. La presencia del Señor me cubría literalmente por completo. Sabía que tendría que contarle a mi madre lo que le había ocurrido a su hijo de diecinueve años. No tendría el valor para decírselo a mi padre.

«Mamá, tengo buenas noticias para ti», le susurré. «Soy salvo».

En un segundo, quedó con la boca abierta. Me miró y me preguntó: «*¿Salvo de qué?*»

«Confía en mí», le dije con toda calma, «ya entenderás».

CAPÍTULO 6

¿TERMINARÁ ALGÚN DÍA?

¡Fue increíble!

Desde el momento que desperté el viernes por la mañana y todo el resto del día, una imagen se mantuvo indeleble en mi mente. A dondequiera que estuviera: la escuela, el quiosco, y por la noche en casa, me veía predicando.

No me veía detrás de un púlpito en una iglesia de barrio. Había mucha gente reunida y yo estaba de pie frente a ellos, vestido de traje. Mi cabello estaba recortado y pulcro y yo caminaba por toda la plataforma, proclamando con decisión la Palabra de Dios. Era una imagen de la que no me podía librar.

Aquella tarde vi a Bob, el muchacho con el que había trabajado en el Mall Fairview y que había empapelado las paredes del quiosco con versículos bíblicos. «No vas a creer lo que me ha ocurrido esta semana», empecé a decirle, y pronto lo puse al tanto de todos los detalles sobre cómo había encontrado a Jesús.

También le conté que me veía predicando. «Bob, esto me acompaña todo el día. No puedo quitarme esta imagen en la que me veo predicando a multitudes en campañas abiertas, en estadios, en iglesias y en salas de conciertos». Y proseguí, «hay gente hasta donde mis ojos alcanzan. ¿Qué crees que puede significar todo esto?»

Estoy seguro que Bob se preguntaba cómo podría pararme ante una audiencia y hablar. Sus palabras, sin embargo, fueron definitivamente de aliento. «Tiene que haber solo una explicación», me dijo. «Dios te está preparando para un gran ministerio. Creo que es fantástico».

UN EXTRAÑO

En casa, la situación se deterioraba rápidamente, yendo de horrible a desastrosa. Desde el momento de mi conversión, toda mi familia empezó a molestarme y ridiculizarme. Era horrible.

Entendía que mi padre se sintiera disgustado, pero la reacción de mi madre me sorprendió. Tanto amor y afecto que me había mostrado siempre. ¿Cómo su actitud hacia mí pudo cambiar tan rápido y tan drásticamente? De la noche a la mañana empecé a sentirme como si fuera un extraño en mi propia casa, como alguien que ha traicionado a su familia. Mi gran ofensa no era haber hallado a Cristo, sino estar quebrantando la tradición. Dudo que los occidentales puedan alguna vez entender el pensamiento de la gente del Cercano Oriente en esta materia. Quebrantar la tradición se lo considera un pecado imperdonable que trae humillación a la familia.

«¿No te das cuenta que estás dañando nuestra reputación?» me decía mi padre. «Benny, estás arruinando el nombre de nuestra familia».

¿Por qué se sentía traicionado por haber yo llegado a ser un «nacido de nuevo»? Los griegos ortodoxos creen que son los *cristianos* verdaderos y tienen los documentos históricos que respaldan su posición, con una iglesia que data de los tiempos mismos de Jesús.

Siempre tendré un gran respeto por la gente de la Iglesia Griega Ortodoxa y otros movimientos. El honor que ellos dan a cosas que son sagradas está más allá de todo reproche. El problema, sin embargo, es algo con lo cual yo crecí. Su fe es rica en dogmas, formas y ritual, pero se empobrece cuando viene a la presencia de Dios o a la unción del Espíritu Santo. Todo lo que he visto me dice que ellos están inmersos en la tradición, pero no parecen entender eso de la llenura del Espíritu.

Lo que ahora había descubierto era un cristianismo *personal*, un Jesús que estaba viviendo en mi corazón. Aquella mañana del lunes, entre cinco y ocho minutos, mi vida había sido transformada. Algo que mi familia no podía entender.

Después de esa erupción de fuego, supe que tenía solo dos alternativas: o dejaba de hablar de Cristo o me exponía a que me echaran de la casa. Sin embargo, nada podía apagar la llama que ahora estaba ardiendo en mi corazón. Cuando les conté a Chris, a Willie y a Henry mi experiencia con Jesús, ellos corrieron a mi padre y le dijeron: «Papá, este país está convirtiendo a Benny en un tonto». Luego, cuando dije que había sido llamado para predicar el evangelio, las cosas se pusieron peor. «Primero, tú no puedes hablar inglés», me dijeron, «y segundo, simplemente tú no puedes hablar». Se mofaban de mí, riéndose: «¿Benny un predicador? *Nunca* llegarás a ser un predicador».

Mi hermano menor, Michael, no entendía toda la conmoción. Por ese tiempo solo tenía tres años. Había nacido un año después de haber salido de Israel. Era el único verdadero canadiense en la familia.

«¡HARÁS LO QUE DIGO!»

Qué tremendo cambio se produjo en mi vida. Temprano en la mañana abría mi inmensa Biblia y bebía en la Palabra. Mi mayor interés aquel semestre final en la secundaria ya no era más la historia, el teatro ni el francés. Solo quería estar en aquellas reuniones de oración y pasar tiempo con mi creciente círculo de amigos nacidos de nuevo. Y no me daba vergüenza de dar mi testimonio en el quiosco del Mall Fairview.

Por las noches, ya no usaba excusas para mantenerme fuera de casa sino que me apresuraba a asistir a una reunión de compañerismo juvenil o de oración. Cada jueves que me era posible, volvía a las Catacumbas.

La tensión que sentía en la presencia de mi padre era casi indescriptible. Cuando se dio cuenta de la frecuencia con que yo asistía a los cultos de la iglesia, me dijo: «¿Por qué haces eso? ¿Por qué?» Mi padre estaba convencido que yo me estaba volviendo loco.

Un día fue a hablar con uno de sus amigos y le pidió que me diera trabajo en su fábrica. En su opinión, yo no tenía posibilidad de decirle que no.

«Benny», me dijo muy serio. «Tú eres mi hijo, vives en mi casa, por lo tanto, harás lo que yo diga».

En realidad, la idea era: «El trabajo en la fábrica no le dejará tiempo para ir a la iglesia».

Me llevó a la fábrica y esperó mientras se me entrevistaba. En un segundo supe que aquello no era para mí. El jefe era uno de los hombres más rudos y tercos que yo haya conocido. Pensé, *no veo cómo podría trabajar para este hombre.*

«Bien. ¿Cuándo comienzas?», me preguntó mi padre cuando regresábamos a casa.

«Padre», le contesté, «nunca tendría a ese hombre como jefe mío. No voy a trabajar allí. Seguiré trabajando en el quiosco».

Para ser sincero, ese día sentí pena por mi padre. Estaba realmente enojado conmigo. «Hijo», me dijo, «¿qué quieres que haga contigo? Dímelo. Haré lo que me pidas siempre y cuando te olvides de ese Jesús».

Me volví a él y le dije, «Haz lo que quieras, pero en cuanto a mí, estoy dispuesto a morir antes de abandonar lo que he hallado».

Casi instantáneamente, la atmósfera se enrareció. Les había dado otro motivo para que se rieran de mí.

¡ESTUPEFACTO!

Con el paso de los meses, hubo menos y menos comunicación con mi papá. A la hora de comer, me ignoraba totalmente. Actuaba como si yo no existiera.

Poco a poco, sin embargo, la actitud de mi madre se fue suavizando. Hacía lo que podía por mantener la paz, aunque yo me daba cuenta que el tema de religión era tabú. Mamá ganaba algunos dólares extra reparando ropa y a menudo me daba algún dinero. Ir a una reunión de oración o a un culto de jóvenes se transformó en un verdadero problema. La única vez que mi padre me hablaba era para decirme: «¡Definitivamente, no!» cuando le pedía permiso para ir a la iglesia. En nuestra cultura, desobedecer a los padres es algo en lo que ni se piensa.

Como hijo todavía viviendo bajo el techo paterno, haría todo lo necesario para obedecer. Con todo respeto, le preguntaba: «¿Puedo ir a la reunión esta noche?»

«No», me respondía con un gruñido. Entonces yo subía a mi cuarto a orar: «Por favor, Señor. Cambia su manera de pensar». Enseguida bajaba y le volvía a preguntar. En una ocasión, me advirtió: «Puedes ir a la iglesia, pero si mencionas una vez más el nombre de Jesús, ¡desearás no haberlo hecho!»

Trató de echarme de la casa.

Algunas semanas más tarde, estando en casa un día me encontraba pensando en lo que el Señor estaba haciendo en mi vida y, sin darme cuenta, dije: «Gracias, Jesús». Mi padre se abalanzó sobre mí y me golpeó en la cara. «¿Recuerdas lo que te dije?» me gritó.

El dolor que sentí no fue por el golpe, sino por el hecho de que los que me estaban maltratando era mi familia a la que amaba tanto y por la que oraba para que un día también pudiera conocer a Jesús.

A partir de entonces, sabiendo que yo no cedería, mi padre se suavizó un poco.

ANDA A VER UN SIQUIATRA

Espiritualmente, yo me estaba dando un verdadero banquete.

Las Catacumbas siempre tenían excelentes conferenciantes y oradores invitados, los que a veces no alcanzaban a llegar al púlpito debido al espíritu de alabanza y adoración que descendía como una poderosa nube. Había noches en que la banda empezaba a tocar en el Espíritu: cellos, violas, trompetas, percusión y un órgano de tubos produciendo una música tan bella como jamás había oído.

En estos servicios nunca se sabe lo que va a ocurrir. Una noche se apareció un grupo de una iglesia satánica para perturbar y lo único que consiguieron fue que tres de ellos pasaran llorando al altar en busca de salvación.

Los muchachos estaban dejando las drogas. Miles de vidas estaban siendo revolucionadas.

Un domingo, empecé a asistir a una iglesia pastoreada por Maxwell Whyte, un distinguido maestro de la Palabra de Dios que habría de llegar a ser mi mentor espiritual. Él fue quien me bautizó en agua.

En casa, mis hermanos continuaban riéndose de mí. Se burlaban de los cristianos carismáticos y se reían al pensar que algún día yo llegaría a ser un predicador. Mientras más se prolongaba esta situación, yo más oraba: «Señor, ¿terminará esto algún día? ¿Llegarán ellos a conocerte como yo te conocí?»

De alguna manera, mi papá se enteró que yo había estado hablándole de Jesús a mi hermana pequeña, Mary. Se enfureció, y me advirtió: «¡Nunca vuelvas a hablarle a ella de esas cosas!»

Casi al único miembro de mi familia a quien podía hablarle era al pequeño Michael. Para mis padres, la situación era desesperante. La madre de mi padre vino de Jope a visitarnos y trató de convencerme a que renunciara a mi nueva fe.

«Benny, eres una mancha para el nombre de la familia», me dijo: «¿No te das cuenta la vergüenza que estás causando?»

En su desesperación, mi padre me hizo una cita con un siquiatra. ¿Y cuál fue la conclusión del médico?

«Quizás su hijo está pasando por una etapa difícil. La superará».

Mirando hacia atrás, la muralla que se alzó entre mis padres y yo tuvo que haber estado en los planes divinos de Dios. Esa situación me obligó a pasar cientos de horas en mi cuarto, solo con Dios. Allí oraba, adoraba y estudiaba la Palabra. Se estaba construyendo una fuerte base en mi vida, algo que sin duda habría de necesitar en los días futuros.

A finales de 1973, Merv y Merla Watson me dijeron: «Benny, te hemos estado observando y creemos que Dios quiere usarte. Nos gustaría invitarte a que te hagas miembro de nuestro equipo de oración y alabanza en las Catacumbas».

Las lágrimas brotaron de mis ojos. «Acepto gustoso», les dije. Aunque no tenía la capacidad para hablar en público, sabía que Dios me había llamado al ministerio, y este era el comienzo.

El siguiente jueves en la noche, yo estaba en la plataforma de St. Paul. Mis manos se levantaron al cielo mientras el equipo guiaba a la multitud en alabanzas al Señor. Recuerdo la noche que sentí que el Espíritu me impulsó a recitar un salmo, dejando que el Señor me diera las palabras en el Espíritu. Aun cuando tartamudeé y no podía manejar el lenguaje, sabía que Dios me estaba usando.

«¡POR SUPUESTO QUE IRÉ!»

«Sí. Fue tan bueno verte en la plataforma la semana pasada», dijo Jim Poynter, un pastor de la Iglesia Metodista Libre que se detuvo a comprar helados en el Mall Fairview. Hacía meses que conocía a Jim.

Mientras hablábamos de cosas del Señor, Jim empezó a hablarme de un viaje que quería hacer en bus con un grupo de hermanos a una campaña que Kathryn Kuhlman iba a llevar a cabo en la ciudad de Pittsburgh y me preguntó si no querría ir.

Debido probablemente a que la había visto brevemente por la televisión y no me había impresionado, no mostré mucho entusiasmo con la idea de viajar. Me parecía que usaba mucho el humor en sus charlas y hasta la encontraba un poco extraña. Pero en vista que Jim era mi amigo, le dije: «Eso suena como un viaje atractivo. Por supuesto que iré».

El jueves a media mañana, aproximadamente una semana antes de la Navidad de 1973, un bus repleto abandonaba Toronto. «Jim, no te imaginas lo que me costó que mi padre me diera permiso para venir», le comenté. En efecto, después de un tremendo alboroto, a regañadientes me dio permiso. Salvo un campamento de Boy Scouts en el que había participado en Israel, no recuerdo haber pasado una noche lejos de mi familia a esas alturas de mi vida.

Jim Poynter, un distinguido líder espiritual, era uno de los cristianos más finos que yo haya conocido. A través de los años, él y su esposa, Marian, recogieron en las calles a más de sesenta personas y las ayudaron a restaurar sus vidas. Algunos de ellos han llegado a ser ministros, líderes cristianos en el mundo de los negocios e incluso uno de ellos presidente de una universidad. Sentado cerca de mí en el bus que se dirigía a Pittsburgh estaba Alex Parachin, un ex drogadicto al que los Poynters habían ayudado. Llegó a ser presidente de las emisoras cristianas para la evangelización en Canadá.

El viaje a Pittsburgh debía de hacerse en siete horas, pero se demoró debido a una tormenta de nieve que había en el camino. No llegamos al hotel sino hasta la una de la madrugada.

«Benny, tenemos que estar levantados a las cinco», me dijo Jim.

«¿Cinco de la mañana?», exclamé extrañado. «¿Para qué tan temprano?»

«Si no estamos a las seis en las puertas del edificio, no alcanzaremos asiento», me contestó Jim.

A la mañana siguiente me llevaría una sorpresa mayúscula.

CAPÍTULO 7

«¡ÉL ES TODO LO QUE TENGO!»

Era difícil imaginarse aquel espectáculo. Cuando todavía no amanecía sobre las calles del centro de Pittsburgh, cientos de personas esperaban de pie sin que les importara el frío que hacía a esa hora. Llenaban completamente la vereda y los escalones que llevaban a la puerta principal de la Primera Iglesia Presbiteriana. ¡Y habría que esperar otras dos horas para poder entrar!

Cuando Jim Poynter me despertó una hora antes de lo fijado, me puse toda la ropa gruesa que pude encontrar incluyendo botas para la nieve, un suéter de lana, un abrigo y guantes de cuero.

Como yo era más pequeño que Jim, me moví más rápido para acercarme a la puerta. Suponía que él iba detrás de mí. Cuando los primeros rayos de sol iluminaron el lugar, quedé sorprendido al ver a muchas personas durmiendo en las escalinatas. Una señora de pie junto a mí comentó: «Han permanecido aquí toda la noche. ¡Así ocurre siempre!»

De pronto, mientras permanecía allí de pie, sentí algo muy extraño. Mi cuerpo empezó a vibrar, más que si alguien me hubiese tomado por los hombros y me sacudiera. Por un segundo pensé que el frío estaría haciéndome una mala jugada, pero la verdad es que estaba tan abrigado que no sentía frío.

El temblor que me sobrevino era incontrolable y parecía no querer parar. Era algo que yo nunca había experimentado antes. No le quería decir nada a Jim, pero mis huesos traqueteaban. Lo sentía en mis piernas, en la cabeza y a través de todo el cuerpo. Me pregunté: *¿Qué será esto? ¿Será el poder de Dios?*

Mientras seguía temblando, las puertas del templo estaban a punto de abrirse y la gente se ponía más expectante a medida que pasaban los segundos. Me pregunté lo que dirían los que se apretujaba contra mí al sentir las vibraciones. Jim me dio las últimas instrucciones: «Benny, cuando esas puertas se abran, corre lo más rápido que puedas».

Le pregunté: «¿Por qué?»

Él había estado antes en este tipo de reuniones, de modo que sabía lo que me decía: «Si no te apresuras, pasarán por encima de ti».

Le hice caso, de modo que cuando las puertas se abrieron, corrí adelantándome a cuantos pude: ujieres, ancianos, jóvenes. Me encontraba frente al santuario mismo.

Cuando traté de sentarme, un ujier gritó: «Nadie puede sentarse aquí. Estas sillas están reservadas». Posteriormente descubrí que el equipo de la señora Kuhlman seleccionaba cuidadosamente a las personas que ocuparían las primeras sillas. Ella era extremadamente sensitiva al Espíritu y quería allí, frente a ella, solo a personas que fueran un apoyo fuerte en oración.

Desdichadamente, la segunda fila estaba toda ocupada; de todos modos, Jim y yo logramos un lugar en la tercera fila.

SIGO TEMBLANDO

Habría que esperar una hora más para que el servicio comenzara, de modo que me quité el grueso abrigo, las botas y los guantes y me relajé. Me di cuenta que el temblor que había comenzado cuando aun estaba afuera, continuaba. E incluso ahora era más fuerte que antes. Podía sentir cómo las fuertes palpitaciones y vibraciones recorrían mis brazos y piernas. Era como si yo estuviera conectado a una máquina de producir este temblor. Era algo tan desconocido para mí que empecé a sentir miedo.

El organista empezó a tocar, pero yo no le presté mucha atención. Todos mis pensamientos estaban enfocados en este temblor que me dominaba de pies a cabeza. No, no me sentía enfermo, o como si estuviera atacándome algún virus. Era exactamente lo opuesto, porque mientras más se prolongaba, más hermoso y apacible era. El miedo y la ansiedad se habían ido.

Miré hacia adelante y, sin ningún anuncio previo, apareció Kathryn Kuhlman. Casi instantáneamente, la atmósfera en aquel lugar se electrizó. Para ser sincero, yo no sabía qué esperar. No oí voces del cielo ni ángeles cantando. De lo único que estaba seguro era que durante tres horas, mi cuerpo no había dejado de temblar.

UNA BRISA APACIBLE

La señora Kuhlman dirigió a la concurrencia en el himno ¡Cuán grande es Él!

En forma totalmente espontánea, me puse de pie, alcé mis manos lo más que pude y empecé a cantar con toda la fuerza de mis pulmones:

> Mi corazón entona esta canción,
> ¡Cuán grande es Él! ¡Cuán grande es Él!

Mis mejillas se humedecieron. Nunca antes las lágrimas habían brotado tan rápido de mis ojos. Me sentí trasladado a la presencia misma de Dios. No estaba cantando en la forma usual en que cantaba en la iglesia. Cantaba con todo mi ser. Y cuando llegamos a las palabras, «Mi corazón entona...» sentí que mi canto salía literalmente del corazón.

Estaba tan inmerso en la alabanza que difícilmente me di cuenta que mi temblor se había detenido. Ya no temblaba.

En los siguientes minutos de aquella reunión pensé que había abandonado este planeta, que había sido llevado a los predios del cielo. La adoración sobrepasaba mucho cualquier experiencia que yo hubiese tenido en Toronto. Solo puedo describirla como un enfrentamiento cara a cara con la verdad espiritual pura. No tenía idea de lo que los demás sentían. Solo sabía que yo estaba reunido con el mismísimo Dios.

Mientras la alabanza continuaba, sentí que una brisa apacible empezaba a soplar. Y con mis manos todavía levantadas, siempre adorando al Señor, abrí apenas los ojos para ver de dónde venía esta corriente de aire. Era como un soplo suave, muy apacible, muy calmo.

Alcé la cabeza y dirigí la mirada hacia arriba, atrás, fijándola en las ventanas. No estaban abiertas y, además, estaban demasiado altas como para ver por donde entraba el aire.

¿Qué era esta extraña brisa? En cierto sentido, era como una corriente de aire, moviéndose a veces por debajo de mis brazos y otras, por encima.

Me pregunté, ¿Qué estará ocurriendo? ¿Podría alguna vez explicar a alguien lo que estaba sintiendo? Nunca lo entenderían.

Las ondas de aquel viento continuaron soplando sobre mí por unos diez minutos. Después, sentí como si mi cuerpo estuviera siendo arropado en una frazada caliente y pura.

«TEN MISERICORDIA»

En la plataforma, la señora Kuhlman empezaba a ministrar a la gente aunque yo apenas me daba cuenta. Me encontraba totalmente perdido en el Espíritu, sintiendo al Señor tan cerca de mí como nunca antes en toda mi existencia.

En ese momento sentí la necesidad urgente de hablarle al Señor aunque todo lo que pude decir, calladamente, fue: «Querido Jesús, por favor, ten misericordia de mí». Y volví a decirlo: «Jesús, por favor ten misericordia de mí».

Me sentía indigno de recibir ese derramamiento del amor de Dios. Era como cuando Elías entró a la presencia de Dios y exclamó: «¡Ay de mí! que soy muerto; porque siendo hombre inmundo de labios, y habitando en medio de pueblo que tiene labios inmundos, han visto mis ojos al Rey, Jehová de los ejércitos» (Is 6.5).

Algo similar ocurría cuando la gente se encontraba con Jesús. Veían solo su suciedad y buscaban desesperadamente ser limpios. En aquel hermoso santuario, con una distinguida mujer evangelista hablando desde la plataforma, era exactamente lo que le ocurría a Benny Hinn. La luz escrutadora del cielo iluminaba mi corazón. Podía ver claramente mis faltas., mis imperfecciones, mis debilidades y mis pecados.

Una y otra vez clamaba: «Querido Jesús, por favor, ten misericordia de mí».

De repente oí la inconfundible voz del Señor. Suavemente, me decía: «Mi misericordia es abundante para ti».

Desde el día que llegué a ser cristiano había orado al Señor. ¡Y ahora era Él quien me hablaba a mí! Deseé que esta comunión durara para siempre.

A medida que el culto progresaba, yo seguía llorando en silencio sin sentir vergüenza o incomodidad. Lo que la vida tenía para ofrecer jamás se podría comparar con esto. Estaba siendo transformado por el Espíritu y no había nada más importante que eso. Esto era lo que la Palabra describe como «la paz que sobrepasa todo entendimiento» (Flp 4.7).

En medio de esa gloriosa adoración, las palabras del Señor siguieron resonando en mis oídos: «Mi misericordia es abundante para ti».

¿POR QUÉ ESTARÁ LLORANDO?

Jim Poynter y otros me habían contado de los milagros increíbles que tenían lugar en los servicios donde ministraba la señora Kuhlman pero aún así no estaba preparado para lo que habría de presenciar. En las tres horas siguientes la gente estuvo pasando al frente, ansiosa de dar testimonio de la sanidad que habían experimentado en esa reunión.

Observé a una señora levantarse de su silla de ruedas. Los sordos podían oír. Otros habían sido sanados de artritis, migrañas, tumores y otras enfermedades.

¡Qué servicio fue aquel! Nunca había sido tocado y conmovido por el poder de Dios como en este culto.

A medida que el servicio proseguía y yo oraba, me di cuenta que todo había quedado en silencio. Inmediatamente, pensé: *Por favor, Señor, no dejes que este culto termine.*

Cuando miré hacia adelante, vi a la señora Kuhlman con la cabeza entre sus manos y me di cuenta que empezaba a sollozar. Como sus sollozos eran más y más altos, todos los que estaban en el auditorio se paralizaron. Los ujieres no movían ni un músculo. Todos los ojos estaban fijos en ella.

Me pregunté: *¿Por qué estará llorando?* Nunca había visto a un ministro llorando así. Más tarde me dijeron que Kathryn nunca había experimentado esto antes.

Sus sollozos se prolongaron por unos dos minutos. Luego, en un segundo, alzó la cabeza. Sus ojos eran dos llamas. Se encontraba a solo unos metros de mí.

Su actitud cambió instantáneamente. Volvió a verse con una firmeza santa.

Con gran emoción y poder alzó su mano y con su dedo índice extendido, apuntó hacia la audiencia. Al mismo tiempo era posible ver grabadas en su rostro líneas de dolor.

Inundada de una agonía que era obvia, y aun sollozando, extendió su mirada por todo el auditorio y dijo: «Por favor», estirando la palabra: «Por faaavorrrr, no contristéis al Espíritu Santo».

Literalmente estaba rogando. «Por favor», clamó, «no contristéis al Espíritu Santo»

Sus ojos parecían mirarme directamente a mí.

Mientras ella decía esas palabras, yo estaba paralizado, casi sin respirar. Tenía mis dos manos sobre el respaldo del asiento de adelante, preguntándome: *¿Qué vendrá ahora?*

Entonces, la señora Kuhlman dijo: «¿No entienden? ¡Él es

todo lo que tengo!» No entendí todo lo que dijo, pero ella seguía rogando. «¡Por favor!» No le causen dolor. Él es todo lo que tengo. ¡No causen dolor al que amo!»

Aunque viviera hasta los 120 años, nunca podría olvidar estas palabras ni la ansiedad con que clamaba.

«MI MEJOR AMIGO»

Desde mi nuevo nacimiento había escuchado a muchos evangelistas, pastores y maestros hablar del Espíritu Santo, pero nunca como esto. Sus enseñanzas tenían que ver con los dones del Espíritu, lenguas, profecía, pero nunca «Él es mi amigo más querido, más íntimo, más personal, más cercano».

¿Qué estaba diciendo Kathryn Kuhlman? Estaba hablando de una persona real, que estaba viva. Luego, con un tremendo énfasis, extendió su largo dedo hacia la multitud y dijo con gran convicción: «¡Él es para mí más real que ustedes, más real que cualquier cosa en este mundo!»

En ese momento, cuando dijo estas palabras, algo penetró muy dentro de mí. De nuevo lloré y dije: «Señor, hazme saber que tú te agradas de esto».

Como esta era mi primera experiencia en este tipo de reuniones, creí que todos estaban sintiendo lo mismo que sentía yo. Ahora sé que Dios trabaja con las personas individualmente, y estoy convencido que mucho de lo que ocurrió en aquella reunión Dios lo había preparado para mí.

¿Entendí todo lo que pasó en ese culto? Imposible. Pero no tuve dudas que el poder y la realidad de Dios habían transformado mi vida.

Cuando el servicio estaba por concluir, miré hacia adelante y vi como una bruma alrededor y sobre la cabeza de la evangelista. Pensé por un momento que fuera efecto de mis ojos humedecidos por las lágrimas, o que era una ilusión. Miré otra vez y vi que aquello era real. A través de la bruma, su rostro brillaba como una luz.

Al pensar ahora en aquel día increíble, no siento que el Señor haya estado tratando de dar gloria a la señora Kuhlman. Estoy convencido, sin embargo, que Él usó esa reunión para manifestar su gran poder sobre mí.

La gente empezó a salir, pero yo no quería dejar mi asiento. En lugar de eso, me senté y me puse a reflexionar en todo lo que había sucedido. Pensé: *Oh, si mi familia solo pudiera experimentar lo que yo he sentido*. Me habría podido quedar allí todo el día, pero el bus esperaba. Cuando salía del santuario, me volví por última vez. Me pregunté: ¿Qué en realidad quiso decir cuando habló de su amigo, el Espíritu Santo?

Durante todo el viaje de regreso a Toronto, me mantuve pensando: *¿Cómo es que el Espíritu Santo es tan real a ella? ¿Es realmente una persona?* Les pedí a varias personas que me ayudaran a entender esto, pero nadie pudo hacerlo.

Llegué a casa totalmente exhausto. En dos días, había dormido solo cuatro horas.

¡Pero Dios aún no había terminado conmigo!

CAPÍTULO 8

AMIGOS

Cada hueso de mi cuerpo clamaba por dormir, pero mis ojos estaban bien abiertos en tanto que mi espíritu todavía estaba por las nubes después de aquel día increíble.

Cuando me metí en mi cama en Toronto, algo me haló que me hizo salir de la cama y caer sobre mis rodillas. La sensación era extraña, pero no opuse resistencia. Sabía que en aquel cuarto oscuro Dios estaba trabajando y yo estaba más que listo para seguirle.

Mi corazón rebosaba de preguntas y no sabía cómo empezar a orar. Me pregunté: *¿Cómo podría yo tener lo que aquella evangelista en Pittsburgh tiene?* Eso era lo que más deseaba en el mundo: experimentar la realidad de lo que Kathryn Kuhlman estaba hablando. Desde el momento que ella había pronunciado las palabras: «Él es más real que cualquiera otra cosa en este mundo» yo desarrollé un hambre, un anhelo de conocer al Espíritu Santo en la misma dimensión. Pero no sabía por dónde empezar.

Esa noche sobre mis rodillas, tres días antes de la Navidad de 1973, sabía en mi corazón lo que quería decir, pero ¿cómo expresarlo?

OCURRE DE NUEVO

Yo había oído del Espíritu Santo desde mi infancia. Era parte de la Trinidad y un miembro de la Divinidad que debía adorar. Nunca pensé que pudiera ser una persona a la que podía dirigirme. ¿Qué palabras usaría? ¿Dónde comenzar?

Decidí empezar de la única manera que conocía, con mi propio vocabulario sencillo. Esa noche, en mi cuarto de la calle Crossbow Crescent, oré: «Espíritu Santo, Kathryn Kuhlman dijo que tú eres su amigo». Y continué, «no creo conocerte, aunque antes de hoy creía que sí te conocía, pero después de aquella reunión, realmente no creo que te conozca».

Con la fe de un niño, pregunté: «¿Puedo conocerte? ¿Podré conocerte de veras?» Estaba realmente preocupado por las palabras que estaba pronunciando. Pensé: *¿Será correcto lo que estoy diciendo? ¿Estará bien hablarle al Espíritu Santo de esta manera? Entonces pensé que si era veraz y sincero, Dios me mostraría si estaba actuando bien o no.*

Después de mi vacilante intento de hablarle al Espíritu Santo, esperé, y esperé. Parecía no haber respuesta. Ansioso, empecé a preguntarme: *¿será realmente posible conocer al Espíritu Santo?*

Entonces, arrodillado en el piso, con mis ojos todavía cerrados, sentí algo como una descarga eléctrica. Instantáneamente, mi cuerpo empezó a vibrar, casi igual a las dos horas en que estuve esperando en el frío afuera de la iglesia en Pittsburgh, y lo que sentí por otra hora cuando ya estaba dentro del templo.

¡Oh!, se va a presentar de nuevo, pensé. Esta vez, sin embargo, me encontraba en mi cuarto tibio y en pijamas. El temblor era el mismo. No quería abrir los ojos. Parecía que lo mismo que me había ocurrido en el servicio, estaba volviendo ahora. Sí, estaba temblando pero al mismo tiempo sentía la tibia y suave presencia de Dios como si estuviera arropándome. ¿Sería el cielo así de grandioso?

Allí estaba. El Espíritu Santo había entrado a mi cuarto. Y eran tan real como la cama junto a la cual me encontraba arrodillado. Durante las horas siguientes, lloré y reí al mismo tiempo. Sentía como si la cama fuera alzada a los mismos cielos.

Nada, en mis veintiún años, podía compararse con esta visitación. ¡Sentía un gozo indescriptible!

Si mi madre y mi padre -que estaban en la sala, abajo- hubieran sabido lo que estaba experimentando su hijo, estoy seguro que habrían explotado. ¿Cómo podrían entender?

CHARLA CON MI AMIGO

Desde el momento que el Espíritu Santo se hizo real aquella noche, dejó de ser un concepto nebuloso o una lejana «tercera persona» de la Trinidad. Estaba vivo y tenía personalidad.

Cuando finalmente abrí los ojos, me sorprendí de encontrarme aun en mi cuarto, arrodillado en el mismo lugar y el poder del Espíritu de Dios aun hormigueando por todo mi cuerpo.

Me quedé dormido con las primeras horas de la mañana, ignorante del milagro que Dios había obrado en mí.

El sol estaba apenas levantándose en aquella fresca mañana canadiense cuando ya estaba bien despierto. Tenía ansias de seguir hablando con mi nuevo amigo. Las primeras palabras que pronunciaron mis labios fueron: «¡Buenos días, Espíritu Santo!» En el momento que pronuncié esas palabras, la misma atmósfera celestial inundó mi cuarto. El temblor y las vibraciones se fueron. Sentí el calor y la paz de su presencia.

Pronunciar aquellas palabras: «¡Buenos días, Espíritu Santo!» me parecía algo tan natural como que estaba conversando con un amigo, el mismo amigo del que había hablado Kathryn Kuhlman.

Me han preguntado: «¿Fue esa la noche en que fue lleno con el Espíritu?»

La experiencia en mi cuarto estaba mucho más allá que hablar en lenguas. Oh, sí. Yo hablé en un lenguaje celestial, aunque lo que le estoy contando a usted está más allá de las lenguas. Fui lleno con su presencia. Por primera vez me encontraba con la persona del Espíritu Santo. Y desde ese momento en adelante Él llegó a ser mi consejero, mi compañero, mi amigo.

NO CON FUERZA

Después de haber dado la bienvenida al Espíritu aquel día tan especial, abrí mi Biblia sin saber dónde empezar a leer. Volví el Libro Santo y lo sentí, como si estuviera sentado junto a mí. Mis ojos no veían su rostro ni apreciaban su aspecto, pero estaba completamente seguro de dónde estaba, allí en mi cuarto. Y, a partir de aquel día, empecé a conocer su personalidad.

Por casi dos años, desde que entregué mi vida a Cristo, había estudiado diligentemente la Palabra de Dios. Ahora, la Biblia adquiría una extraordinaria importancia y una absoluta y nueva dimensión. Cuando tenía una pregunta, decía: «Espíritu Santo, muéstramelo en la Palabra». ¡Y Él lo hacía!

Por ejemplo, me dirigió a Juan 16.14: «Él me glorificará; porque tomará de lo mío, y os lo hará saber». Y entendí que Él había venido para glorificar y magnificar a Jesús.

Aprendí que solo el Espíritu Santo puede revelar a Jesús al corazón de los hombres. «Pero cuando venga el Consolador, a quien yo os enviaré del Padre, el Espíritu de verdad, el cual procede del Padre, Él dará testimonio acerca de mí» (Juan 15.26).

Yo quería saber por qué había venido, y Él me dirigió a las siguientes palabras: «Y nosotros no hemos recibido el espíritu del mundo, sino el Espíritu que proviene de Dios, para que sepamos lo que Dios nos ha concedido» (Juan 2.12).

Decir que la Biblia se hizo viva es decir lo mínimo. Ahora entiendo la autoridad de las palabras: «No con ejército, ni con fuerza, sino con mi Espíritu, ha dicho Jehová de los ejércitos» (Zacarías 4.6).

A través de la Escritura, Él afirmó la admirable transformación que estaba teniendo lugar en mi vida. Mañana tras mañana, día tras día, conocía más a mi amigo.

Para mí, el cambio más dramático ocurrió en mi vida de oración. Dije: «Espíritu Santo, ya que conoces al Padre tan bien, ¿querrías ayudarme a orar?»

Con el Espíritu guiándome, empecé a llegarme al Padre. Fue como si hubiese sido presentado en forma personal al Todopoderoso.

Recuerdo que tenía algunas preguntas relacionadas con la paternalidad de Dios. El Espíritu abrió la Palabra y me indicó este pasaje: «Porque todos los que son guiados por el Espíritu de Dios, estos son hijos de Dios. Pues no habéis recibido el espíritu de esclavitud para estar otra vez en temor, sino que habéis recibido el espíritu de adopción, por el cual clamamos: ¡Abba, Padre!» (Romanos 8.14-15).

Yo pensaba que Jesús había dicho que el Espíritu Santo sería nuestro consolador, nuestro maestro, y nuestro guía. Ahora, este instructor celestial había llegado a ser mi amigo.

Ahora entendía lo que Jesús quiso decir cuando dijo a los discípulos que lo siguieran, y más tarde que el Espíritu Santo habría de guiarlos a toda verdad. Empecé a entender que solo el Espíritu de Dios puede hacer que sigamos al Señor.

En mi cuarto estaba recibiendo una educación más grande que la que podría haberme dado una universidad o un seminario teológico. Mi maestro era el propio Espíritu Santo.

Durante días, semanas y meses mi escudriñar las Escrituras seguía adelante y mis respuestas recibían adecuadas respuestas. Es más, sentía sus fuerzas y poder. Había ocasiones en que la intensidad del poder del Espíritu Santo en mi cuarto era tan grande que tenía que apoyarme contra la cama. En otros momentos era suave y apacible, y el amor que sentía era más grande que cualquier cosa que haya hasta entonces conocido.

EL TREN

Inmediatamente, mis padres se dieron cuenta que algo inusual había ocurrido. Si usted cree que estaban disgustados con mi conversión, debería haberlos vistos ahora. No sabía si se trataba de confusión, consternación o convicción, pero lo que sí sabía era que su enojo crecía.

Fuera de casa, la reacción era totalmente al revés. Varios de mis amigos cristianos ya estaban hablando de que había habido una tremenda transformación en mi vida. «Definitivamente, algo le ha ocurrido a Benny», les decían a sus amigos.

Alrededor de una semana después del encuentro, Jim Poynter me llevó al apartamento de Alex Parachin y su esposa. Alex había ido con nosotros en la excursión a Pittsburgh.

Yo había estado hablando por teléfono con Jim sobre algunas de las cosas milagrosas que habían ocurrido en los días recientes, incluyendo una visión que Dios me había permitido tener.

«Dile a Alex todo lo que ha ocurrido», insistió Jim. «Cuéntale de tu visión».

Estoy seguro que con solo mirarme, los Parachin se habrían preguntado, *¿Cómo puede ser que Dios quiera usar a alguien como Benny?* Mi largo cabello sobresalía por debajo de una gorra que me tapaba hasta las orejas. Ellos también sabían que me era muy difícil completar una frase sin tartamudear.

Aquella tarde, en su comedor, les relaté la más extraña visión. «Me encontraba viajando en un carro de ferrocarril sin paredes», les dije. «Era abierto y plano».

Les expliqué que estaba sentado en medio del carro el que era arrastrado por una potente locomotora. «Sentadas alrededor de mí había una gran cantidad de personas», les dije. «De repente, el tren empezó a adquirir velocidad y a ir más rápido y más rápido».

El caos se produjo cuando el tren tomaba las curvas. «La gente empezó a caer fuera del tren», les expliqué. «Pero yo seguía en el centro. Y la única razón por qué yo no seguía la misma suerte que los demás era por una fuerza que bajaba desde lo alto sobre mi cabeza. Esa fuerza me mantenía en mi sitio mientras el tren aumentaba la velocidad».

Mientras seguía explicando la visión, el Espíritu Santo llenó aquel lugar al punto que Alex cayó al piso bajo el poder de Dios.

Más tarde, Jim me habló de lo que Dios le había revelado. Desde aquella primera semana en que el Espíritu llenó mi vida, Jim sintió que yo me vería involucrado en un ministerio muy especial. Me dijo: «Benny, Dios te va a lanzar en un ministerio con increíble velocidad. Y habrá mucha gente que tratará de ir contigo, pero se quedarán botados en el camino. Dios me está diciendo que si sigues cerca de Él, te mantendrá centrado, exactamente donde quiere que estés».

NO SE PODRÁ CONTENER

Pocos días más tarde, Jim Poynter me preguntó si quería ir con él a un servicio que el Rev. Weldon Johnson le había pedido que dirigiera. El Rev. Johnson estaba comenzando una nueva iglesia en el local de una escuela. Se anunciaba como un servicio de sanidad.

Muchos de los miembros de esa congregación eran personas que habían ido a Pittsburgh en uno de los viajes que Jim había ayudado a organizar. Había entre ellos un buen número de letones.

Esa noche, Jim dirigió el canto acompañándose de su acordeón. Después de una palabra de testimonio, llamó al frente a todos los que quisieran recibir un toque especial de parte de Dios. También me pidió que pasara adelante a ayudarle a imponer las manos sobre la gente.

¡Aleluya! Dios era fiel. El Espíritu que me había ungido a mí en mi cuarto inundó a aquellos que estaban allí aquella noche.

Doy gracias a Dios por estos letones. No solo sintieron el poder de Dios, sino que empezaron a orar por mí como si se tratara de uno de sus hijos. Aun antes que yo hubiera empezado a predicar, ellos fueron mis primeros guerreros de oración.

Recuerdo la tarde cuando Jim y su esposa me invitaron a una iglesia metodista donde estaban teniendo reuniones. Como había pasado todo el día buscando en la Palabra y deleitándome en la unción del Espíritu, pensé que asistir a la reunión sería una excelente forma de cerrar el día. Estaba ansioso porque llegara la hora de ir.

Cuando oí la bocina del automóvil de Jim, corrí escaleras abajo, todavía sintiendo la presencia del Señor en mí.

En el momento en que salté al asiento delantero del auto y cerré la puerta, Jim empezó a llorar y a cantar el coro: «¡Aleluya! ¡Aleluya!» Dirigiéndose a mí, me dijo: «Benny, ¿puedes sentir la presencia del Espíritu Santo en este auto?»

«¡Sí que la siento!», le respondí.

A Jim le costaba manejar mientras seguía llorando ante el Señor.

ABSOLUTAMENTE MARAVILLADO

«¿Qué te parece si voy contigo?», le pregunté a Alex Parachin cuando me dijo que iba a dar su testimonio de cómo había sido liberado de las drogas.

El servicio era en *Faith Temple*, una iglesia que pastoreaba Winston I. Nunes, uno de los más distinguidos ministros dirigidos por el Espíritu que haya existido jamás. Al final de la reunión, el Dr. Nunes se paró y anunció: «Siento que Dios quiere que ahora sean estos jóvenes los que ministren, no yo».

Aun cuando yo no había participado en el servicio, Alex me dijo que pasara al frente. En el momento en que impuse las manos a la gente, el poder de Dios empezó a manifestarse. Estaba absolutamente maravillado de lo que Dios estaba haciendo.

Mientras tanto, yo seguía yendo con Jim Poynter a celebrar reuniones de sanidad en la iglesia de Weldon Johnson, aquella donde había muchos letones. La asistencia no solo iba creciendo, pero una noche vimos una larga fila de personas fuera del templo tratando de entrar. Yo no lo podía creer.

«¿Qué pasa aquí?», pregunté a Jim.

«Te voy a decir algo», me contestó con toda tranquilidad. «Se está corriendo la voz que hay un joven llamado Benny que tiene la unción del Espíritu Santo en su vida. Estas queridas personas solo quieren estar cerca de tal unción».

Aquella preciosa gente de Letonia fueron los primeros apoyos para mi «ministerio», un ministerio que en realidad todavía no había comenzado.

Aquella noche, de nuevo, después que Jim hubo hablado, hubo una poderosa presencia del Señor. Oramos por las personas y muchos fueron bendecidos grandemente por el poder de Dios.

El tren estaba empezando a moverse y a aumentar la velocidad.

CAPÍTULO 9

¿ME DEJARÁS AQUÍ?

Al mirar atrás y ver lo que Dios ha hecho, aun vender helados fue parte del plan que me trajo al punto en que me encuentro en este momento. Porque fue en aquel pequeño quiosco donde conocí a Jim Poynter, quien me habló de una mujer evangelista de nombre Kathryn Kuhlman. Con él fui a Pittsburgh, Pennsylvania, a un servicio que cambió dramáticamente mi futuro.

Después de mi trabajo en el Mall Fairview, trabajé como empleado de archivo en la Junta de la escuela católica de Toronto. Allí, el Señor continuó su intenso trabajo en mi corazón.

Cuando salía de casa en la mañana, el Espíritu Santo iba conmigo. A veces yo realmente sentía a alguien a mi lado. Camino al trabajo, mientras iba en el bus, a menudo sentía la urgencia de empezar a conversar con Él. Y empezaba a orar por la salvación de los que iban conmigo en el bus. El Espíritu Santo me hacía sentir una tremenda carga por sus almas.

En el minuto que terminaba de trabajar, corría a casa a continuar mi compañerismo con el Señor. Mi cuarto se transformaba en un refugio sagrado y cuando no estaba trabajando, frecuentemente me quedaba en casa solo para tener comunión con Él.

«Todo lo que quiero es lo que tengo ahora», le decía al Señor en esos días. «Lo que quiera que sea, no dejes que se termine». Empezaba a entender con mayor claridad los deseos del apóstol Pablo cuando se refería a la «comunión del Espíritu Santo».

UN INFIERNO RUGIENTE

Un día en abril de 1974, le pregunté al Señor: «¿Por qué me estás bendiciendo de esta manera?» y «¿Por qué me ocurren todas estas cosas?» Porque entendía que sin duda Dios no imparte su presencia para que la disfrutemos en paseos espirituales. De pronto, con mis ojos bien abiertos cuando empezaba a orar vi a alguien de pie frente a mí. Estaba totalmente cubierto de llamas y no podía definir si se trataba de un ser masculino o femenino. Sus pies no tocaban el piso. Su boca se abría y se cerraba, muy parecido a la descripción que hace la Palabra como «crujir de dientes».

Al mirar a esta persona envuelta en llamas de tormento, clamé, «¡No! ¡No! ¡No!» No sé por qué dije eso.

En ese momento, el Señor me habló con una voz audible. Me dijo: «¡Predica el evangelio!»

Yo respondí: «Pero Señor, yo no puedo hablar».

Más tarde esa noche, el Señor me dio un sueño en el cual veía a un ángel. En la mano traía una cadena que estaba colocada en una puerta que parecía llenar los cielos. El ángel abrió la puerta y había gente hasta donde mis ojos alcanzaban a ver. Enseguida, me llevó a un lugar elevado.

Al mirar a esa multitud, vi que avanzaban en forma compacta hacia un grande y profundo valle que no era otra cosa que un infierno de fuego rugiente. Aquello era terrible. Vi a miles de personas caer en aquel abismo llameante. Los que iban en la línea de enfrente trataban de resistir, pero la fuerza de la humanidad los empujaba y los hacía caer en las llamas.

De nuevo, el Señor me habló claramente, diciéndome: «Si no predicas, cada alma que caiga será responsabilidad tuya».

Esta era la segunda vez que el Señor me decía que yo sería un ministro de su Palabra. La primera había sido cuando me convertí y ahora a través de esta visión. Sabía que todo lo que estaba ocurriendo en mi vida tenía un solo propósito: Proclamar el evangelio.

Hace poco, alguien me preguntó: «Benny, si no te hubieras encontrado con Jesús, ¿qué crees que habría sido de tu vida?»

Cuando tenía unos diecisiete a dieciocho años, yo creía que algún día entraría en la arena política, o quizás encontraría trabajo en la industria del turismo. Gracias a Dios, todo aquello fue reorganizado cuando Cristo se hizo real y me dio a conocer mi futuro.

«QUERIDO DIARIO»

Durante estos momentos yo llevaba anotaciones diarias, que ahora son algunas de mis más apreciadas posesiones. No eran un diario con las típicas anotaciones como «Esta noche fui a las Catacumbas», u «Hoy estoy teniendo problemas con mi padre» sino que se trataba de relatos personales sobre mi andar espiritual. Día tras día, escribí con fidelidad lo que iba aprendiendo de la Palabra y lo que Dios me estaba enseñando. A principios de 1974, escribí:

> Señor, haz que mi vida esté llena de ti.
> Que cada día pertenezca a ti.
> Que cada momento esté contigo.
> Déjame vivir para tu gloria.
> Que cada día te ofrezca alabanzas
> y que mi corazón dé tu amor
> y adoración. Que Jesús sea todo para mí
> cada momento de cada día.

El Espíritu del Señor no solo estaba sobre mí sino que empezó a llenar nuestro hogar, tanto que mis hermanos y hermanas empezaron a desarrollar hambre espiritual. Uno por uno empezaron a venir a mí y a hacerme preguntas. Decían: «Benny, te hemos venido observando. Este Jesús es real, ¿verdad?»

La primera en entregar su corazón al Señor fue mi hermana Mary, y dentro de los siguientes meses lo hicieron mi hermanito Willie y Sammy. ¡No podía sino regocijarme! Estaba teniendo lugar un milagro en nuestra familia, y eso que yo aun no había empezado a predicar.

Como se puede imaginar, mi padre estaba furioso. ¿Sería que este Jesús le estaba quitando su familia? Él no sabía cómo enfrentar la situación. Mis padres ya habían visto el cambio en mí y ahora estaban siendo testigos del mismo fenómeno en más de sus hijos.

«EXALTACIÓN»

Cada día que había un viaje en bus para ir a escuchar a Kathryn Kuhlman a Pittsburgh yo hacía todo lo necesario para ir. Me sentía cautivado por su ministerio, y la oía cada noche a través de la poderosa estación de radio WWVA en Wheeling, West Virginia.

Yo no era solo alimentado por el Espíritu mismo, sino además por una hueste de escogidos siervos de Dios. Además de las reuniones de los jueves en la noche en las Catacumbas, se me podría encontrar a menudo en un lugar llamado Bezek, una reunión carismática de los viernes por la noche en Campbellville, a unos 45 kilómetros al sudoeste de Toronto.

Los servicios se efectuaban en un centro para retiros, que había nacido gracias a la visión de Bernie Warren, un pastor de la Iglesia Unida de Canadá, que comenzó su ministerio después de haber recibido el bautismo del Espíritu Santo. Al centro le puso por nombre Bezek, en honor del lugar donde los israelitas se reunieron para descansar y recibir aliento al haber librado una batalla importante (1 Samuel 11).

Durante la semana era un oasis para dar consejería a los alcohólicos, a los que querían liberarse de las drogas y personas con otras necesidades. Cada viernes por la noche, sin embargo, se efectuaba una reunión carismática, algo más bien nuevo para las iglesias principales del área.

En estos servicios había una extraordinaria libertad para adorar. La gente alzaba sus manos mientras «cantaban en lenguas». Algunas noches éramos dirigidos por el Espíritu a cantar alabanzas de «exaltación», como lo dice Salmos 149.6: «Exalten a Dios con sus gargantas».

Muchos traían sus instrumentos musicales: trompetas, panderetas, baterías, guitarras, bajos, flautas y violines. Los miembros de un compañerismo llamado la Casa de Philadelphia se unían con su «adoración davídica», llamada por muchos, «danza ante el Señor».

En tales reuniones yo me perdía en la impresionante presencia de Dios y crecía por la Palabra que recibía de Bernie Warren.

Leo en mi diario del 10 de junio de 1974:

Después que llegué de Bezek, tuve en mi cuarto una maravillosa experiencia. Mientras oraba, mi corazón se llenó de gozo y la paz inundó mi cuarto. ¡Era tan hermoso! Serían la una y treinta o las dos de la mañana mientras oraba, cuando sentí que una mano me tocaba. Era tan suave y se posó en mi corazón. Mi corazón empezó a latir alocadamente mientras la mano permaneció allí por unos treinta segundos. Al sentir la mano, una tremenda sensación de calor vino sobre mí. Mi cuerpo entero fue abrazado por ese calor. Sé que el Señor me tocó. Jesús vino y me tocó. Oh, su amor. Es más alto que todos los cielos. Oh, el profundo, insondable amor de Jesús.

EMPACAR

Comenzando con un taller de verano en 1973, Merv y Merla Watson organizaron lo que llamaron «Shekiná», un programa de adoración y alabanza diferente a todo lo que se había presentado. Me pidieron que fuera parte del equipo.

La música era de primera clase con cantantes, danzas espirituales y estandartes. No solo habría movimiento, sino que sería una presentación dramática con grandes himnos, tales como «Preparad el camino al Señor» y «Despierta, Oh Israel».

La mayoría de la música eran escritas o arreglos de los Watson, quienes tenían formación clásica. En el primer concierto en Toronto participaron más de noventa jóvenes.

Tan grande fue la respuesta que se tomó la decisión de llevar la producción a Europa en una gira que comprendería dos meses y medio del verano de 1974. ¡Cómo anhelaba ser parte de aquella gira!

Empezando temprano aquella primavera, los ensayos se fijaron los lunes por la noche. A medida que se acercaba el verano se eligieron sesenta y tres personas para que fueran en la gira, incluyéndome a mí.

Había, solo dos pequeños problemas. Primero, mi padre me prohibió terminantemente ir. Y segundo, no tenía dinero para el viaje. Tampoco tenía idea de cómo conseguirlo.

En oración, sin embargo, mi fe revivió y sentí la convicción profunda que Dios se encargaría de ambas cosas. Estaba tan seguro, que empecé a empacar y a hacer los preparativos para viajar. Seguía sin tener dinero y sin tener el pasaje. El lunes en la noche antes que el grupo partiera para Inglaterra, estuve allí para el último ensayo. «Señor», oré: «¿No me dijiste que estaría este verano con "Shekiná"? ¿Qué pasa? ¿Me dejarás aquí?»

CAPÍTULO 10

¡SHEKINÁ!

¿Cómo vas a solucionar el problema, Señor?», oré al comenzar el último ensayo de «Shekiná», el lunes por la noche. Yo estaba tan seguro como que me llamo Benny Hinn que iría a Europa.

Más o menos por la mitad del ensayo, Merv Watson me llevó aparte y me dijo: «Benny, Merla y yo hemos estado orando y el Señor nos dijo que nos encargáramos de tu boleto de avión» y me pasó el boleto de Air Canada.

«Oh, esto es maravilloso», exclamé. «Maravilloso».

Me sentía abrumado por su generosidad. Más tarde, supe que los Watson habían hipotecado su casa para poder hacer el viaje.

En cuanto concluyó el ensayo corrí a casa para contarles a mis padres que esa semana viajaría a Europa. «Vean, aquí tengo el boleto», les dije, abriendo el sobre.

«¿Quién te dio eso?» dijo, molesto, mi padre. «¿Asaltaste a alguien?»

«¡No!», le respondí. «Fue un regalo. Me lo dieron personas que quieren que yo haga el viaje».

«Está bien», gruñó. «Entonces, vete». Buscó en sus bolsillos, sacó 25 dólares y me los dio. Para mí, aquello era increíble. Era como si me hubiera dado 25.000.

El 18 de junio de 1974, justo en el momento en que salía para el aeropuerto, mi padre me dijo, «Cuando llegues, llama a pagar aquí. Pregunta por ti». De esa manera sabría que yo había llegado y no tendría que pagar por la llamada.

«No puedo hacer eso, papá», le respondí. «Sería una mentira. Pero no se preocupe, que de todos modos lo llamaré».

«Es mejor que no llames si no lo vas a hacer con cobro revertido», insistió.

Al día siguiente llegué al aeropuerto de Toronto con mi boleto, mi maleta y 25 dólares.

¡Qué cosa!

La primera noche que llegué a la casa de una hermosa familia cerca de Londres que trabajaba con «Juventud con una misión», les pregunté: «¿Podría usar el teléfono? Necesito llamar a mis padres para que sepan que llegué bien». Y añadí: «Les pagaré la llamada». Les pensaba dar parte de mis veinticinco dólares.

«Por supuesto. Úsalo», me dijo el dueño de casa.

Levanté el fondo y marqué el cero, de la operadora. Una voz de mujer me dijo desde el otro extremo de la línea: «Perdóneme, señor. Sé que esto le va a sonar extraño, pero ¿es usted cristiano?»

Quedé helado mientras me preguntaba: «¿A quién habré llamado? ¿Y cómo lo supo?»

«Sí, lo soy», respondí prestamente. «Soy cristiano».

Con Dios por testigo, la operadora me dijo: «El Señor me dijo que usted iba a llamar y que yo le pagara la llamada».

¡No podía darme cabal cuenta si la persona con la que estaba hablando estaba en Inglaterra, en Canadá o en el cielo!

Con su voz profesional, me preguntó: «¿Qué número quiere marcar?»

Era tarde en Toronto, y mi papá contestó.

«Soy Benny», le dije: «Solo quiero que sepan que estoy en Inglaterra. Todo está bien. Estoy hospedado con una familia maravillosa».

«Me parece haberte dicho que llamaras con cobro revertido», estalló.

«No se preocupe, no estoy pagando esta llamada», le respondí rápidamente.

Después de pronunciar un par de malas palabras, me dijo: «Esos ingleses paupérrimos. ¿Les vas a hacer eso?»

«No, papá. Ellos tampoco están pagando esta llamada», repliqué.

Obviamente irritado, me gritó: «¿Qué clase de cristiano eres, que estás mintiendo?»

«No lo entendería», le dije, y colgó.

AUTOBÚS DE DOS PISOS

La palabra *Shekiná* se refiere al lugar donde habita Dios, su presencia y su gloria. Eso era lo que tan ansiosamente pedíamos que ocurriera con la gente que acudiría cada noche a escuchar el concierto. Que la gloria de Dios pudiera tocar sus vidas. Nuestro medio de transporte era un bus de dos pisos que un creyente inglés había alquilado a los Watson al costo de una libra. Atrás del bus había dos camiones llenos con equipos de producción y nuestro equipaje. La mayor parte de las noches éramos atendidos por familias cristianas lo que me permitió empezar a disfrutar del compañerismo de otros creyentes.

Los conciertos efectuados en catedrales góticas, en salas de conciertos y en grandes templos, eran espectaculares. Cuando sesenta y tres jóvenes llenos del Espíritu empezaban a adorar al Señor a través de música inspirada, obras dramáticas y danzas, la audiencia no tardaba en unírseles en la alabanza. Muchas de las canciones que cantábamos habían sido escritas por Merla Watson, incluyendo una que ha llegado a ser conocida mundialmente: «Jehová, mi proveedor, su gracia es suficiente para mí».

También ofrecimos un concierto al aire libre, en la plaza Trafalgar, en el centro de Londres.

Casi cada mañana teníamos un servicio en la iglesia, recibiendo gran bendición a través de la ministración de distinguidos predicadores locales y maestros bíblicos.

Cuando ahora leo mi diario, me doy cuenta que no fueron los hermosos edificios o atracciones turísticas los que me llamaron la atención. Mi mayor deseo era estar cerca de mi Salvador.

En Inglaterra, el 26 de junio de 1974, escribí:

«Querido Jesús. Toma este día y hazlo tuyo. Por favor pon en mi corazón fuego y amor por ti. Señor Jesús, toma mis pensamientos y hazlos tuyos. Que durante todo el día solo piense en ti, Señor. Por favor, ayúdame, Espíritu Santo, y úsame por el amor de Jesús. Amén».

LECCIONES DE FE

La gira nos llevó a través de Bélgica, Alemania y Suiza. Y en Holanda, el domingo 18 de agosto de 1974, tuvimos la extraordinaria experiencia de estar en la iglesia de Corrie ten Boom. Corrie, que escribió el libro «El lugar secreto», habló esa mañana de la importancia de una entrega total. Su mensaje, imposible de olvidar, se titulaba: «El guante» y lo que significa poner nuestras vidas en las manos del Maestro.

Corrie ilustró el mensaje con un guante en su mano, diciéndonos que nosotros «somos el guante y la mano es la del Señor, y que cuando nos rendimos, parte por parte, el Señor ajusta el guante». Aquel fue un mensaje que empecé a poner en práctica.

Después del concierto final en Holanda, iniciamos el viaje de regreso. Era el 5 de septiembre. Yo me sentía inquieto, sabiendo que Dios me estaba llamando a algo más que solo ser parte de un grupo de cantantes. En cuanto a finanzas, Dios usó este viaje para enseñarme lo que significa vivir por fe.

Mi dinero creció y se multiplicó. Sin hacer yo nada, personas desconocidas venían y me decían: «Tome, el Señor me dijo que le diera esto».

Volví a Toronto con ropa y una maleta nueva. Le dije a mi padre: «Papá, quiero darte las gracias por los veinticinco dólares que me diste», y le extendí la mano. Él me dio la suya.

OCURRIÓ EN SHILO

Durante el otoño de 1974 mi compañerismo con el Espíritu Santo se intensificó. Pero había una carga en mi corazón que cada día se hacía más pesada.

Finalmente, en noviembre, no pude seguir luchando contra esto. Le dije al Señor: «Voy a predicar, pero con una condición, que estés conmigo en cada servicio». Y le recordé: «Señor, tú sabes que yo no puedo hablar». Me lamentaba continuamente de mi problema del habla y del temor que tenía a la vergüenza.

Todavía guardaba en mi mente el recuerdo del hombre envuelto en llamas y el sonido de la voz del Señor diciéndome: «Si no predicas, todos los que caigan serán responsabilidad tuya».

Me dije: Debes empezar a predicar, pero ¿no sería suficiente con dar algunos tratados?

Una tarde, la primera semana de diciembre, estaba en casa de Stan y Shirley Phillips, en Oshawa, a unas treinta millas de Toronto. Les pregunté si podía decirles algo. Nunca antes me había sentido guiado a contar la historia completa de mis experiencias, sueños y visiones. Por casi tres horas, derramé mi corazón, incluyendo detalles que solo el Señor y yo conocíamos. Les hablé de la carga por las almas perdidas, que cada vez se hacía más pesada.

Antes que terminara de hablar, Stanley me interrumpió y me dijo: «Benny, debes venir esta noche a nuestra iglesia y contar lo que nos has dicho a nosotros». Ellos tenían un compañerismo llamado «Shilo», formado por unas cien personas que se reunían en el templo de la Asamblea de Dios Trinity de

Oshawa. La iglesia la pastoreaba el reverendo Kenneth Bees-
ley, cuyo hijo, Gary llegaría a ser parte del cuerpo ministerial
de la «World Outreach Church» en Orlando.

Llamé a Marilyn Stroud y le pedí que me ayudara con la
música. Hacía unos dos años que la conocía. Integraba el grupo de alabanza y adoración en las Catacumbas y había formado parte del proyecto Shekiná.

Me gustaría que me hubieran visto. El pelo me caía sobre
los hombros y no estaba vestido adecuadamente debido a que
la invitación había sido imprevista.

Esa noche, 7 de diciembre de 1974 Stan Phillips me presentó al grupo y por primera vez en mi vida me paré detrás de un
púlpito para predicar. En cuanto abrí la boca, sentí como si
algo hubiera tocado mi lengua que la soltó. Solo por unos segundos me sentí turbado pero luego comencé a proclamar la
Palabra de Dios con total fluidez.

Y aquí está lo maravilloso. Dios no me sanó cuando yo estaba sentado en la audiencia. No me sanó cuando pasé al frente.
No me sanó cuando me paré detrás del púlpito. Dios obró el
milagro cuando abrí la boca.

En el momento que mi lengua se soltó, me dije: «¡Ya!» La
tartamudez se había ido, completamente, y nunca más volve-
ría. ¡Gracias, Jesús!

Después de mi mensaje, invité a la gente a pasar al frente
para orar por ellos. Respondieron unos diez. Ninguno de ellos
sabía lo que era ser tirado al piso por el Espíritu, pero cuando
oré por ellos, empezaron a caer bajo la unción de Dios. Cuando miré de nuevo, casi todas las personas que estaban en el
templo habían pasado al frente para orar. ¡Qué obra poderosa
hizo el Señor aquella noche!

«Benny, cuando empezaste a hablar, me quedé con la boca
abierta», me dijo Marilyn Stroud después del servicio. «Lo que
vi esta noche es un milagro».

SEIS HOLANDESES ROBUSTOS

Al día siguiente, Marilyn llamó por teléfono a Bernie Warren en el centro Bezek en Campbellville y le preguntó: «¿Recuerda a Benny Hinn?»

«Por supuesto que sí», replicó Bernie. Me recordaba como «uno de aquellos niños» que asistían a las reuniones en las Catacumbas.

«Bueno, creo que debe verlo», dijo Marilyn, «porque algo especial está ocurriendo en su vida. Sería tremendo si lo invitara a ministrar a su congregación».

Al viernes siguiente fui a ver a Bernie Warren, en Bezek, y le conté lo que me había ocurrido en Oshawa. Hablamos de las manifestaciones y de la gente que había sido tocada poderosamente por el Espíritu Santo. Seguimos conversando hasta bien avanzada la tarde. Me sentía honrado que este ministro tan respetado me haya dado un poco de su valioso tiempo. «Benny, siento que debo invitarle a que participe en el servicio de esta noche», me dijo. «Cuente lo que me ha estado diciendo a mí».

Por supuesto, yo accedí encantado.

Cientos de personas llenaban el centro aquella noche. Después de un corto mensaje, el Espíritu me guió a llamar a las personas a que pasaran al frente. Los primeros en responder fueron seis holandeses, tremendos y fornidos. Parecían columnas rodeándome. Oré y... *¡boom!* Los seis se fueron al piso. Pronto el altar estuvo lleno y muchos fueron bendecidos y sanados esa noche por el poder de Dios. Al final de la reunión, Bernie Warren tomó el micrófono y anunció: «Damas y caballeros, estoy seguro que muchos de ustedes se habrán estado preguntando qué sucedió aquí esta noche. Pero quiero que sepan que yo respaldo el ministerio que Dios ha dado a Benny Hinn».

«ALGO QUE YO NO ESPERABA»

El último día de 1974, abrí mi diario y escribí un resumen de las cosas maravillosas que me habían sucedido.

Mil novecientos setenta y cuatro había sido el año más grande que había tenido. Y sabía que 1975 sería aun más grande, lleno de servicio para el Señor Jesús. Mi oración era solo que Él me permitiera amarlo más y más cada día. Todo el último año había vivido un compañerismo tremendo con el Señor. Nunca Jesús había estado tan cerca, ni el Espíritu Santo había sido tan real. Muchas veces en oración he experimentado su presencia, que me ha traído gozo y amor y paz. Había ocasiones en que no podía mantener la compostura debido a que su presencia estaba en mí. Mi amor por Jesús crecía en una forma maravillosa, y el Espíritu Santo había trabajado para hacer de Jesús el centro de mi vida. Tenía numerosas pruebas y aflicciones, pero parecía que mientras más dura era la prueba, más me acercaba a Jesús.

Al mirar atrás, no puedo sino asombrarme de los cambios que han tenido lugar y de las cosas que he aprendido que no creo que alguna vez las vaya a olvidar. En verdad el Espíritu Santo ha hecho algunas cosas grandes. Me hizo llegarme a la cruz cuando mis pecados estaban ante mí. Me ha dado un gran deseo de servir al Señor y un hambre de ser completamente suyo. Ha causado la muerte en las áreas del yo y todavía hay más que Él tiene que crucificar. Ha puesto una carga por las almas y un amor que nunca había conocido. Verdaderamente, he ido cambiando de gloria en gloria.

Volví a casa (después del viaje con Shekiná a Europa) hambriento y sediento de su cercanía y amistad. Por casi dos meses todo lo que hice fue orar y derramar mi corazón. Estos fueron meses muy duros porque el Espíritu Santo estaba haciendo en mí un trabajo profundo que causa dolor. Pero cuán agradecido estoy porque me transformó en un hombre mejor, con más de Jesús y su amor.

En esos dos meses yo tenía un gran hambre y anhelo de servir al Señor. De modo que empecé a orar para que Dios me mostrara su voluntad, y así lo hizo, poniendo en mi corazón esta carga por las almas. Yo sabía que algún día predicaría el evangelio, pero ahora era más fuerte que nunca. Sabía que tenía que hacer algo, pero no sabía qué era y cómo hacerlo. Al mismo tiempo, el Espíritu Santo estaba preparando algo que yo no esperaba.

En mi diario escribí la historia de Stan y Shirley Phillips invitándome a dar mi testimonio en su iglesia en Oshawa, y el poder maravilloso de Dios que vino sobre nosotros. Estas son las palabras finales que escribí el último día de 1974:

Esto dio comienzo a mi ministerio, que es el ministerio del Espíritu Santo... y el Señor se está moviendo en una forma poderosa. Sé que no tengo por qué preocuparme por que ocurra y oro a Dios para que nunca tenga que preocuparme, porque mi anhelo es solo predicar el evangelio y ver a las almas salvadas. Jesús, úsame solo para tu gloria. En tu nombre, amén.

Esa Navidad tuve mucho para celebrar. A los veintidós años había predicado mi primer sermón y había visto a Dios confirmando su Palabra con señales que siguieron. Y el impedimento que me había afligido en mi niñez estaba completamente sanado.

¡Gloria a Dios, mi tartamudez se había ido!
¡Él me tocó! ¡Sí, Él me tocó!

CAPÍTULO 11

DOS DE LA MAÑANA

«Benny, creemos que Dios quiere usarte en una forma poderosa» me dijo mi amigo Jim Poynter hablando a un grupo de ministros que me habían pedido que participara en una serie de reuniones en Willowdale, un barrio de Toronto. «Vamos a alquilar la cafetería de una escuela pública y lo demás se lo dejaremos al Señor».

Era febrero de 1975, dos meses después de haber dado mi testimonio por primera vez en la iglesia de Oshawa.

Esto confirmaba la inconfundible voz del Espíritu Santo diciéndome que era tiempo de empezar con reuniones semanales en Toronto. El Señor dijo: «Sígueme. Escucha mi voz y guiarás a muchos a Cristo». Los ministros de Willowdale parecían dispuestos a correr el riesgo. De hecho, yo no tenía antecedentes como evangelista. Era simplemente un joven que había entregado completamente su vida al Señor. La gente que se reunió en la cafetería aquella noche no sabía qué esperar. Y yo tampoco. Gracias a las conexiones de Poynter con una iglesia Metodista Libre, el grupo de esa denominación decidió apoyarnos. Algunos de sus ministros querían ordenarme como ministro de esa iglesia.

Durante aquellos primeros días de ministerio, yo era extremadamente ingenuo. A medida que la concurrencia crecía había toda clase de personas deseando ser parte de los servicios. Por ejemplo, si alguien me decía: «El Señor me ha dado una canción para el culto de esta noche», yo le daba la oportunidad de cantar. O, si otro venía con «una palabra de Dios», yo lo dejaba que la dijera.

No pasó mucho tiempo, sin embargo, para que me diera cuenta que lo que algunos querían era oír su propia voz, de modo que le pedí a Dios que me diera discernimiento.

A pesar de mi inmadurez, la cantidad de personas iba en aumento.

«Creo que necesitamos encontrar un auditorio más grande y continuar estos servicios», dijo uno de los ministros que nos apoyaba. Para mi alegría, nos mudamos a la escuela secundaria George Vanier de la que había sido alumno, el mismo edificio donde había pedido al Señor que viniera a mi corazón en una reunión de oración dirigida por muchachos estudiantes.

En 1975, muchas personas de diversos trasfondos étnicos venían a estos cultos del lunes por la noche. Especialmente letones.

Soy el primero en reconocer que mis primeros sermones tenían poco contenido. Eran básicamente mi testimonio sobre la obra del Espíritu, de cómo Él se hizo real en mí. La verdad es que por esos días yo no sabía mucho sobre la forma de organizar mis pensamientos y preparar un mensaje. Simplemente me comunicaba desde lo profundo del corazón.

El ministerio empezó a crecer rápidamente. Parecía que no había día en que no me invitaran a una iglesia o grupo de compañerismo a ministrar. Los servicios eran dirigidos totalmente por el Espíritu y yo escuchaba atentamente su voz. Me sentía en el centro perfecto de la voluntad de Dios.

«¡ORA, JIM, ORA!»

En casa, seguía habiendo una gran tensión. Yo no había dicho ni una palabra a mis padres sobre que estaba predicando. Ellos no tenían ni idea. Mantener el secreto por tanto tiempo fue un verdadero milagro. Mis hermanos y hermanas sí lo sabían, pero no decían nada a papá porque entendían que de saberlo él, sería el fin de su hermano.

Además, como teníamos tan poca comunicación, mi padre y mi madre no se dieron cuenta que ya no tartamudeaba. Siempre había habido ocasiones en que por breves períodos podía hablar sin tartamudear, lo que se terminaba cuando algo ocurría y volvía la dificultad en mi habla.

En abril de 1975 apareció en el periódico Toronto Star un anuncio con mi foto. Estaba predicando en una pequeña iglesia pentecostal en el lado oeste de Toronto y el pastor quería atraer a más visitas.

El anuncio dio resultado. Sin darme cuenta, mis padres, Costandi y Clemence, hojeando el periódico, se encontraron con el anuncio.

Aquel domingo por la noche, mientras me encontraba sentado en la plataforma, vi algo que no podía creerlo. Ahí estaban, entrando, mamá y papá. Fueron conducidos a sentarse en una de las filas de atrás del auditorio.

¡Ya está!, pensé. *¿Qué me va a pasar ahora?*

No creo que alguna vez haya tenido tanto miedo como ahora. Mi corazón se resistía a seguir latiendo y sentía cómo brotaba el sudor en mi frente. Mi peor pesadilla no habría podido compararse con esto. Estaba petrificado. Demasiado asustado como para reír, demasiado aturdido como para llorar.

Sentado junto a mí en la plataforma estaba mi fiel amigo Jim Poynter. Le susurré al oído: «¡Ora, Jim, ora!»

Quedó mudo cuando le dije que mis padres estaban ahí.

Miles de pensamientos empezaron a correr por mi cabeza, uno de los cuales era: *Señor, sabré que realmente me has sanado si esta noche no tartamudeo.* Durante los cuatro meses anteriores no hubo nunca una sola vez en que estuviera tan nervioso durante un servicio. Una ansiedad siempre me hacía tartamudear.

«Señor, tienes que ayudarme» oré, poniéndome de pie y dirigiéndome al púlpito para predicar. Y entonces, en cuanto abrí la boca, las palabras empezaron a fluir como un río. Yo mismo escuchaba lo que el Espíritu me decía que dijera.

Debo confesar, sin embargo, que ni una sola vez pude mirar hacia el lado donde estaban mis padres, ni siquiera de reojo.

Mientras predicaba, sabía que no necesitaba preocuparme por mi tartamudez. Dios me había sanado, y la sanidad era permanente.

Cuando hube terminado el mensaje, pude sentir que el poder de Dios se movía a través de todo el auditorio. Pedí a los que tuvieran alguna enfermedad que pasaran al frente para orar. Me preguntaba: *¿Qué estarán pensando mamá y papá de todo esto?*

Mientras la gente pasaba al altar, vi que mis padres se paraban y se dirigían a la salida.

Cuando el servicio hubo terminado, me dejé caer en una de las sillas del púlpito y dije: «Jim, tienes que seguir orando. ¿Te das cuenta que dentro de algunas horas se decidirá mi destino?» Tratando de huir de la inevitable confrontación, le dije: «Esta noche debería dormir en tu casa».

ESCUCHAR EN INCREDULIDAD

Salí al estacionamiento y me monté en mi Pontiac de dos puertas, el primer automóvil de mi propiedad. Era blanco con un techo de vinil rojo. Se lo había comprado a mi hermano Willie.

Durante varias horas, anduve manejando sin rumbo por todo Toronto. Estaba decidido a esperar a lo menos hasta las dos de la mañana para dirigirme a casa. No podía imaginarme enfrentando a mis padres. Seguro que a las dos de la mañana ya estarían durmiendo.

En silencio, poco después de las dos de la mañana, estacioné mi auto frente a la casa y corté la ignición. Luego, siempre en silencio, subí los escalones exteriores y metí lentamente la llave en la cerradura.

Cuando abrí la puerta, me quedé estupefacto. Allí, frente a mí, sentados en el sofá, estaban mi mamá y mi papá. Me sentí morir cuando los vi entrar en la iglesia, pero esto era peor. Mis rodillas empezaron a temblar. Empecé a buscar dónde sentarme.

Mi padre fue el primero en hablar y lo que oí no lo podía creer.

«Hijo», me dijo suavemente, «¿cómo podemos ser como tú?»

¿Estaba oyendo en realidad lo que creía que estaba oyendo? ¿Era este el mismo hombre que se había sentido tan ofendido cuando me convertí? ¿El padre que había prohibido terminantemente que en su casa se pronunciara el nombre de Jesús?

«De verdad queremos saberlo», me dijo. «Dinos cómo podemos tener lo que tú tienes».

Miré a mi querida madre y vi que las lágrimas estaban empezando a deslizarse por sus hermosas mejillas. En ese momento no pude contener mi gozo. Empecé a llorar. Y por las próximas horas de aquella noche inolvidable abrí las Escrituras y guié a mis padres al conocimiento salvífico del Señor Jesucristo.

En un momento, mi padre dijo: «Benny, ¿sabes qué fue lo que me convenció?» Me dijo que cuando comencé a predicar, se volvió a mi madre y le dijo: «¡Ese no es tu hijo! ¡Tu hijo no puede hablar! ¡Su Dios debe ser verdadero!»

La maravillosa conversión de mis padres hizo que el Señor fuera aceptado por el resto de la familia. Mary, Sammy y Willie ya habían entregado sus corazones a Cristo, y ahora lo hacían Henry, Rose y mi hermano menor, Mike. El último en hacerlo fue Chris. Si alguna vez has oído de «salvación familiar», esta fue la ocasión. Por primera vez, el hogar de los Hinn se transformaba en «el cielo en la tierra». Y el cambio no fue temporal. Fue una obra permanente del Espíritu.

«¡YO SOY!»

En mayo de 1975, el Señor me llevó a hacer algo que nunca antes había hecho. Por aquel tiempo nuestros servicios se llevaban a cabo en el hermoso salón de la iglesia Anglicana San Pablo, en el centro de Toronto. Durante una reunión con varios cientos de personas presentes, miré a toda la audiencia y obedecí lo que el Señor me estaba diciendo: «Alguien con un problema en su pierna está recibiendo sanidad», dije.

Nadie se puso de pie, de modo que volví a decir: «Alguien con un problema en una pierna está recibiendo sanidad en este momento. Por favor que esta persona se ponga de pie».

Después de un minuto o algo así una mujer joven con pelo rojo largo se puso de pie y empezó a dirigirse a la plataforma. «¡Yo soy!», exclamó. «Yo he sido sanada».

A partir de ese momento, Dios cambió la dirección de mi ministerio. Servicio tras servicio la gente era sanada y liberada mientras la reunión seguía su curso. Ya no había filas de personas enfermas esperando que se les impusieran las manos para recibir sanidad. El Señor empezó a hacer su trabajo por todo el auditorio, y tantos fueron tocados que no había tiempo para oír todos los testimonios.

El número de personas que venían a los cultos crecía y crecía hasta que tuvimos que mudarnos del salón donde nos reuníamos al santuario principal de la iglesia Anglicana San Pablo. Era el mismo santuario que las Catacumbas habían usado los jueves.

RUMBO AL NORTE

«Benny, vamos a comprar un pasaje aéreo para que viajes con nosotros a Sault Sainte Marie», una ciudad al noroeste de Ontario, más allá del límite de la Península Superior con Michigan.

«¿Qué va a haber allí?, pregunté.

«Hay una convención de los hombres de negocios del Evangelio Completo y he dicho a los directores todo acerca de ti», me dijo mi amigo John Arnott.

A principios de ese año, John había sido invitado a la segunda reunión que yo dirigí en la escuela secundaria George Vanier, y había llegado a ser un amigo extraordinario y un gran apoyo para mi ministerio. Como me dijo más tarde: «Sabíamos que esta era la unción de Dios. Era algo que veníamos anhelando por mucho tiempo».

Cuando ese año Kathryn Kuhlman vino a Canadá, John, su amigo Sandy Fleming y yo nos ofrecimos como voluntarios para cantar en el coro. Durante las reuniones lloramos como bebés, orando para que el Espíritu fuera derramado en nuestras vidas.

John y su esposa tenían corazones de siervos. Me llevaban a las reuniones, hacían los arreglos para que tuviéramos nuestros asientos e incluso me llevaban el equipaje. Acostumbrábamos a orar juntos mientras andábamos por las autopistas de Ontario. «Oh, Jesús, no nos des descanso sino hasta que de verdad te conozcamos en toda tu gloria y poder».

Muchos años más tarde, John Arnott habría de ser el director del avivamiento mundial conocido como «Toronto Blessing» y pastor del Compañerismo Cristiano Aeropuerto de Toronto.

En aquellos días, John era un exitoso empresario dueño de varias fincas y negocios en el sur de Ontario.

En 1977, mientras nos dirigíamos al aeropuerto para volar a Sault Sainte Marie, John dijo: «Benny, necesitas saber que el propósito de este viaje es presentarte a los líderes del Compañerismo de los Hombres de Negocios del EvangelioCompleto».

«¿Me estás diciendo que no voy a hablar?», le pregunté

Confesaron que había una gran resistencia por parte de algunos de los líderes. De hecho, uno de ellos había dicho a John, «No. No queremos a principiantes en la plataforma».

Cuando llegamos al Holiday Inn, John convenció al presidente de la conferencia que me permitiera dar un breve testimonio.

«Amigos», anunció el director del servicio, «nos alegra tener hoy día aquí a un joven de Toronto. Le hemos concedido algunos minutos para que nos hable».

Subí nervioso a la plataforma, seguro que no conocía a nadie en aquel edificio y, obviamente, tampoco nadie me conocía a mí. Entonces, apenas empecé a hablar, y *isuam!* El poder de Dios golpeó aquel lugar como un huracán de categoría cinco. Durante la siguiente hora y media, la gente estaba llorando, cuerpos caían postrados ante el Señor y ocurrían milagros por todo el salón.

En ese momento estuve seguro que esta no sería mi última visita al norte de Canadá.

TUERCAS Y PERNOS

A la tarde siguiente, cuando el van de cortesía estaba por salir del Holiday Inn para el aeropuerto, el gerente del hotel nos detuvo y me dijo: «Señor Hinn, quiero que conozca a uno de nuestros cuatro ministros locales. Es el reverendo Fred Spring».

Fred no había estado en la reunión de los hombres de negocios. En otro lugar del edificio, había estado en una recepción de boda.

«Soy el pastor de la iglesia Tabernáculo Pentecostal Elim de las Asambleas de Dios aquí», me dijo. Luego este hombre, con las patillas más exageradas que yo jamás había visto, dijo algo que me sorprendió. «Me gustaría que viniera a hablar en mi iglesia».

Como Fred Spring me dijo después: «Aquello fue algo que yo jamás hago. Yo siempre tengo mucho cuidado de a quién le doy el púlpito. Tu nombre me era vagamente familiar pues en alguna parte había oído que eras el nuevo evangelista envuelto en el ministerio de sanidad. Simplemente fui inducido a pedirte que hablaras».

Mi respuesta a la invitación del pastor Spring fue: «Allí estaré».

Aquel otoño volví a Sault Sainte Marie para una campaña de tres días con Fred Springs. El domingo por la noche la gente hacía largas filas fuera del templo para lograr un asiento.

«Benny, mi junta está un poquito inquieta, pero quiero que me prometa que va a volver en cuanto pueda». Evidentemente, lo que ocurría en los servicios estaba lejos de ser típico. Varios quedaron moviendo sus cabezas.

Fred también me dijo que el hombre encargado del mantenimiento del templo estaba inquieto. «¿No puede detener a ese tipo para que no siga haciendo esas cosas?»

«¿Haciendo qué cosas?», quiso saber el pastor Spring.

«Bueno, teniendo a toda esa gente cayéndose en el Espíritu sobre los bancos».

«¿Qué hay de malo en eso?», le preguntó Fred.

«Algunos de los bancos se están soltando del piso y tendremos que reforzarlos».

Fred solo sonrió. La obra que Dios estaba por hacer en Sault Sainte Marie era más importante que unas pocas tuercas y pernos.

CAPÍTULO 12

UNA JORNADA DE MILAGROS

«Benny, creo que debes volver al norte de Ontario a lo menos tres o cuatro veces en el año», me dijo Fred Spring.

«¿Es una invitación?», le contesté, riendo.

Cada vez que visitaba Sault Sainte Marie para celebrar cultos, la concurrencia crecía, de modo que tuvimos que mudarnos al auditorio de la White Pines Collegiate School.

Me gustaba estar en lo que se conoce como «el país del norte» con Fred y su esposa Bette. Fred alquilaba un vehículo con tracción a las cuatro ruedas y viajábamos tan al norte como podíamos, deteniéndonos en pequeños pueblos para predicar el evangelio.

Aun me río cuando pienso en el servicio que efectuamos en un lugar llamado Wawa. El maravilloso pastor de allí había sido piloto de la Northland Missions, un ministerio de las Asambleas de Dios en el norte de Canadá. Desdichadamente, había perdido uno de sus brazos en un accidente. Había caído de un puente de pontones y la hélice del avión le había amputado su brazo. Ahora usaba una prótesis con un mecanismo para agarrar cosas.

Tuvimos una linda reunión en una iglesia repleta. Al terminar el culto, quise agradecer a todos los que habían participado. «Me imagino que lo menos que podemos hacer es darle al pastor una buena mano», dije, bromeando.

La gente, incluyendo al ministro, empezó a reírse. Yo no sabía por qué se reían. Me volví a Fred y le pregunté: «¿Dije algo malo?»

«Dijiste darle al pastor una buena mano», me explicó, riendo.

Fue aquel uno de los momentos más embarazosos que he vivido arriba de una plataforma.

EL JEFE INDIO

Durante uno de los viajes al norte, tuvimos una reunión en la aldea de Spanish, Ontario, unas 350 millas de Toronto. Era un asentamiento indio.

Los indios son personas muy simpáticas aun cuando su rostro se vea muy serio y sus barbillas prominentes. Mientras predicaba sobre el poder milagroso de Dios, la mayoría de ellos permanecían sentados, con los brazos doblados sobre el pecho.

Cuando estaba por concluir, un indio muy alto se puso de pie con su esposa y sus hijos y empezó a caminar pausadamente por el pasillo. Se apoyaba en muletas. Su rostro era totalmente inexpresivo mientras seguía avanzando. A medida que se acercaba, yo esperaba que alguien lo detuviera, pero nadie se movió.

Cuando llegó al frente, todos los ojos estaban fijos en él.

«¿Cómo puedo ayudarle?», le pregunté, mientras él subía a la plataforma.

Me miró directamente a los ojos y dijo: «Usted dice que Dios sana».

«Sí, Él sana», le respondí.

El indio entonces empezó a contarme todo lo que le había ocurrido. Definitivamente la lista de padecimientos era larga. Me explicó que había estado paralítico por veintiocho años, y que su esposa estaba enferma de cáncer. También dijo que su pequeña hija sufría de una enfermedad de la piel que le provocaba serias hemorragias externas, y que el bebé que su esposa cargaba en los brazos también estaba enfermo.

«Usted dice que Dios sana», repitió. «¡Pruébelo!»

Mientras miraba al hombre y su familia de pie frente a mí, me di cuenta que nada podía hacer por ellos. Desesperado, caí sobre mis rodillas y pedí a todos los predicadores, incluyendo a un sacerdote católico, que estaban en la plataforma que se unieran a mí. Alcé mis manos y dije: «¡Querido Jesús! ¡No es *mi* evangelio el que estoy predicando. Estoy predicando *tú* evangelio! Este hombre me está pidiendo que pruebe que lo que digo es verdad. Este es tu evangelio. ¡Pruébalo *tú*, querido Jesús!»

Apenas las palabras habían salido de mis labios cuando oí una gran conmoción. Al abrir los ojos, vi que toda la familia estaba en el piso junto a mí, uno encima del otro. Todos habían sido derribados por el poder del Espíritu Santo.

Era asombroso lo que veía.

«¡He sido sanado!» gritó el padre mientras se incorporaba. «¡He sido sanado!» Saltaba de alegría mientras las lágrimas corrían por sus mejillas. Luego abrió la camisa de su pequeña hija, dejando al descubierto una piel tan perfecta como la piel de un bebé. La enfermedad había desaparecido y la niña también había sido sanada. También fueron sanados su esposa y el bebé.

Como puede imaginarse, la concurrencia estaba emocionadísima. Mientras que un momento atrás estaba tranquila y en silencio , ahora alababan a Dios por los milagros que habían tenido lugar.

El avivamiento vino a esa pequeña comunidad y Jesús recibió toda la gloria.

Hasta hoy me siento profundamente conmovido cada vez que pienso en lo que Dios hizo en Spanish, Ontario.

A BORDO

Obviamente, Dios tenía un propósito al permitirme que conociera a Fred Spring en el norte de Canadá. Fue el comienzo de una relación con un hombre que habría de jugar un papel vital en el futuro de nuestro ministerio.

Ese mismo año, cuando organizamos la Asociación Evangelística Benny Hinn, Fred formó parte no solo de la junta directiva, y también llegó a ser el director ejecutivo del ministerio. Volaba a Toronto casi cada lunes, que era su día libre, para atender los asuntos administrativos y coordinar mi agenda.

El Señor me rodeó de algunos maravillosos hombres de Dios. La junta incluía a David Sturrie, Keith Elford, Frederick Browne y Richard Greene, director de una importante firma de contabilidad de Toronto quien se encargaba de las finanzas.

Durante aquellos días, yo estaba participando por lo menos en cinco servicios semanales no solo en Canadá. Cada día llegaban más y más invitaciones de los Estados Unidos.

John Arnott, quien pasaba gran parte de su tiempo en Florida hizo los arreglos para mi primera gira en el estado del Sol, incluyendo reuniones en la iglesia Tabernáculo en Melbourne, donde Jamie Buckingham era pastor. También prediqué en una iglesia Episcopal carismática en Maitland y en la iglesia católica St. James en Orlando. Estas bendecidas reuniones abrieron muchas puertas.

En Toronto, nuestros servicios de milagros los mudamos a un Centro Evangelístico muy espacioso en York Mills Road. En cada servicio el local se llenaba a toda su capacidad, quedando espacio solo para permanecer de pie. Afuera, el drama de los estacionamientos se podría describir como un «completo desorden». Un lunes cualquiera, se podía encontrar un bus cargado de católicos de Quebec, un grupo de árabes de Egipto, o gente que había llegado conduciendo desde Michigan, Nueva York o Manitoba.

En nuestras reuniones constantemente le estaba diciendo a la gente que pusieran sus ojos en nuestro maravilloso Jesús. Les decía que Dios no dice: «Te he sanado», sino que siempre dice, «Yo soy el Señor que sana». Sanidad es una persona. Yo predicaba que «el gran secreto para sanar es el Señor Jesús».

Me di cuenta que los nuevos creyentes, abiertos a aceptar todo lo que Dios tuviera para ellos, también estaban más abiertos y listos para recibir su sanidad. Ellos vieron en acción el poder de la iglesia del Nuevo Testamento.

«EL SEÑOR PENTECOSTAL»

Poco a poco, Dios iba instruyéndome y dándole forma a mi ministerio.

Haría un año que estaba predicando cuando me pidieron que fuera uno de los oradores en una conferencia en Brockville, un pueblo al este de Ontario, sobre el río St. Lawrence. Allí conocí a un caballero a quien llegué a considerar un gigante de la fe, David DuPlessis.

Millones alrededor del mundo conocían y amaban a este hombre, a quien le decían «el señor Pentecostal». Él fue quien llevó el Movimiento Carismático dentro de la Iglesia Católica. Su enseñanza acerca del bautismo en el Espíritu Santo había sido usada poderosamente por Dios y tuvo una gran influencia en incontables vidas.

La conferencia, realizada en un hotel, fue organizada por Maudie Phillips, una dama que trabajaba con Kathryn Kuhlman.

Después de una sesión con David DuPlessis y mientras caminaba por un pasillo, Maudie me llamó y me dijo: *«¿Podría acompañar a David a su cuarto?»*

Aquello me alegró, y pensé, *¡qué privilegio acompañar a este siervo de Dios a su cuarto!*

Maudie me presentó al Dr. DuPlessis y se fue. Yo sonreí al «señor Pentecostal» y caminé a su lado. Todavía puedo recordar con qué pulcritud vestía este hombre de cabello cano y bien recortado. Llevaba un maletín que le otorgaba dignidad. Yo me sentía emocionado por la oportunidad de estar cerca de un hombre de Dios. Mientras caminábamos por el pasillo, mi mente se llenaba de cosas que quería preguntarle, pero no sabía cómo.

Finalmente, decidiendo no desperdiciar esta oportunidad perfecta, hice acopio de todo mi valor, respiré hondo y pregunté: «Doctor DuPlessis, ¿cómo puedo agradar a Dios?»

En el momento en que esas palabras salieron de mis labios, él se detuvo, puso su maletín en el piso y se volvió hacia mí. Puso su corto dedo sobre mi pecho y me empujó hacia atrás hasta quedar contra la muralla. Enseguida me escrutó a través de sus anteojos y en un tono de voz serio, dijo: «Ni lo intente». Y añadió, «no es su habilidad, sino su habilidad en usted».

Con eso, me dijo: «Buenas noches», se volvió, recogió su maletín y desapareció en su cuarto.

Yo me quedé allí parado, solo, con mi espalda todavía presionada contra la pared, mudo de la impresión.

¿Qué me quiso decir?, me pregunté. Yo habría esperado de este gigante espiritual una respuesta profunda y extensa, y todo lo que dijo fue: «¡Ni lo intente! No es su habilidad, sino la Suya en usted».

Me tomó varios años entender completamente la gran lección que había en estas palabras. Ahora sé que no hay necesidad de intentar complacerle en las propias fuerzas de uno. Sería inútil, porque Él completó la obra sobre la cruz cuando dijo: «Consumado es».

He aprendido que todo lo que tengo que hacer es rendirme al Espíritu Santo y Él hará el resto. Esto es lo que quería decir DuPlessis.

Más tarde, el Dr.DuPlessis y yo llegamos a ser íntimos amigos y tuve la oportunidad de hablar con él acerca de las cosas del Espíritu. Poco tiempo después, antes que falleciera, tuve el privilegio de trabajar con él por un corto tiempo en asociación con mis queridos amigos Ronn Haus y Tommy Reid.

Él tenía un ministerio que se llamaba «Juan 17.21» y que se concentraba en el perdón.

UNA REUNIÓN CANCELADA

A finales de noviembre de 1975 recibí una llamada telefónica de Maudie Phillips. «Benny», me dijo, «sé que desde hace tiempo has querido conocer a Kathryn. He hecho arreglos para que se reúnan. De hecho, le he estado hablando de tu ministerio. ¿Podrías estar en Pittsburgh el viernes que viene en la mañana? Ella podrá recibirte después del servicio».

«Por supuesto», le dije inmediatamente, lleno de alegría. «Allí estaré». La idea de que por fin tendría la oportunidad de reunirme con la señora Kuhlman era emocionante. Estaba ansioso de expresarle mi gratitud por el papel decisivo que había jugado en mi vida.

Ese día llegué temprano a la Primera Iglesia Presbiteriana. Como es usual, fuera del templo había cientos de personas que formaban una fila esperando que abrieran las puertas. Unos pocos minutos después un miembro del personal se acercó a mí para decirme: «Sé que usted está aquí para reunirse con la señora Kuhlman después del servicio; sin embargo, ella no va a venir hoy. Está enferma y ha tenido que ser llevada al hospital».

No se recordaba una situación igual. Kathryn *nunca* había cancelado un servicio. Momentos después se le dio el mensaje a la multitud que esperaba. La noticia produjo gran conmoción. La gente no sabía qué hacer. En susurros, se preguntaban unos a otros: «¿Será realmente seria su enfermedad?» «¿Nos darán más detalles sobre su estado de salud?»

No había razón para que me quedara, de modo que regresé a Canadá.

Tres meses más tarde, el 20 de febrero de 1976, Kathryn Kuhlman murió de un ataque del corazón.

Cuando recibí la noticia de su fallecimiento, enterré la cabeza entre mis manos y empecé a llorar. Aunque nunca nos conocimos personalmente, Kathryn era para mí como un miembro de la familia. Ella me había dado un banquete de comida espiritual y sus palabras me habían inspirado más allá de todo lo imaginable. Un río de recuerdos fluyó en mi mente y todo lo que pude hacer fue caer sobre mis rodillas y orar: «Señor, gracias por la señora Kuhlman. Gracias por usarla para tocar mi vida».

Muchas veces me han preguntado: «Benny, háblenos de la señora Kuhlman. ¿Cómo era?»

La gente se sorprende cuando les respondo, «nunca tuve la oportunidad de reunirme con ella personalmente». Recordando mi viaje a Pittsburgh, creo que lo que ocurrió ese día estaba en la providencia de Dios.

Como les dije a los miembros de mi equipo hace poco, si me hubiese entrevistado con ella, es posible que hubiese creído para siempre que la unción me la había dado ella, o que Dios en alguna manera la usó para transferir su unción a mí. No, el Señor quería que yo entendiera con toda claridad que la unción viene de Él, no de una persona humana.

Creo firmemente que Dios usa a sus siervos para influirnos a hablar como Él quiere, incluso traernos a una atmósfera donde ocurren milagros. El Señor no me dio un poder especial o un don a través de Kathryn Kuhlman sino que la usó en ayudarme a *encontrar* la unción.

MILAGROS Y LOS MEDIOS

A partir de 1976, la prensa canadiense empezó a informar sobre nuestras reuniones. Habían informaciones de primera página sobre nuestras campañas de sanidad y milagros.

El *Toronto Globe and Mail* envió a los reporteros Peter Whelan y Aubrey Wice al servicio que habría de celebrarse en el auditorio de la Universidad de Toronto. Bajo una pancarta que decía: «Fe sanadora: El poder de creer», prepararon un reportaje sobre los testimonios de sanidad. Y concluyeron su trabajo citándome: «No me interesa exaltar a Benny Hinn. No estoy interesado ni nunca lo estaré. Jesús es el único... a quien exaltamos. Queremos alcanzar a las almas para el Señor Jesús. Yo quiero ver almas, almas, almas, almas, almas. Señoras y señores, ¿lo entienden?»

El *Toronto Star* en una información aun más destacada, puso este título: «¿Funciona realmente la fe que sana?» El periodista presentó cuatro estudios de casos de personas que habían sido sanadas en nuestros cultos. Primero mencionó a un trabajador de la planta de General Motors en Oshawa que tenía cáncer en la garganta. «Esta semana, después de un examen en la clínica de cáncer, se le dijo que no había señales de la enfermedad».

También contó la historia de un camionero de Beaverton: «Un hombre que jamás iba a la iglesia y que había sufrido problemas serios del corazón y enfisema pulmonar por siete años, fue persuadido por sus amigos a que asistiera a la campaña. «Tres días después fui a ver al doctor y me dijo que los exámenes no revelaban nada anormal», dijo: «Tiene que haber sido Dios que lo hizo».

¿Y qué decían sus doctores? El periodista citaba a uno, que dijo: «Mire, hay más cosas que ocurren en el mundo de las que podemos entender».

Los canales de televisión empezaron a filmar documentales sobre lo que Dios estaba haciendo. La CBC («Canadian Broadcasting Corporation»), «Global TV» y el Canal 9, la importante estación independiente de Toronto, produjo reportes noticiosos. Las historias en los medios no eran críticas sino descripciones reales de lo que estaba teniendo lugar.

PETRIFICADO EN PITTSBURGH

El 20 de febrero de 1977, recibí una invitación para predicar en un culto en memoria de la señora Kuhlman. El «Carnegie Music Hall» estaba repleto. Yo ya había predicado por más de dos años pero esa noche me sentía como un principiante.

Mientras se proyectaba un documental sobre su ministerio, miré al auditorio por entre las cortinas y mis rodillas empezaron a temblar. Mi estómago estaba hecho un nudo. La mayor parte de las personas que estaban allí no me conocían y nunca antes habían estado en mis reuniones.

Jimmie McDonald, el solista en las campañas de la señora Kuhlman me presentó y yo me sentía tan nervioso que no podía hablar. Lo único que pude hacer fue dirigir a la audiencia en el himno, «Jesús, Jesús, hay algo que tiene ese nombre». Lo cantaron una y otra vez.

Después de lo que me parecía una eternidad, finalmente moví mis brazos en el aire y grité: «*¡No puedo, Señor! ¡No puedo!*»

En ese preciso momento oí una voz muy dentro de mí que decía: Me alegra que no puedas. Ahora lo haré yo.

Instantáneamente, la aprensión y el miedo se desvanecieron. Mi cuerpo físico se relajó. Empecé a hablar palabras que no había preparado, y el poder de Dios empezó a tocar a la gente que estaba en el auditorio. Fue una noche memorable. Durante los siguientes tres años llevé a cabo campañas de sanidad en Pittsburg varias veces en el año tanto en el «Carnegie Music Hall» como en el «Soldiers and Sailors Memorial Hall», bajo los auspicios de la Fundación Kathryn Kuhlman.

Al año siguiente del fallecimiento de la señora Kuhlman, su fundación me pidió que visitara algunas ciudades tanto en Canadá como en Estados Unidos para llevar a cabo reuniones especiales. Jimmy McDonald cantaba, se mostraba la película de la reunión de Kathryn en Las Vegas, y yo predicaba. En la Catedral Queensway de Toronto, en el McCormick Place de Chicago, y en Vancouver, la gente recibía sanidad mientras se proyectaba la película, aun antes que yo subiera a la plataforma. La poderosa unción que Dios había puesto en la vida de la señora Kuhlman seguía estando presente en las reuniones.

CONVERSACIÓN EN UN TAXI

Tanto en 1976 como en 1977, fui invitado a predicar en la Conferencia sobre el Espíritu Santo en Jerusalén, auspiciada por Logos International. Era la primera vez que regresaba a mi tierra de la cual había emigrado hacía ocho años. La carga que sentí por el Medio Oriente era abrumadora. «Señor», oré, «de alguna manera abre la puerta de modo que pueda un día regresar y predicar tu mensaje a la gente de la Tierra Santa».

Tanto en Canadá como en Estados Unidos nuestro ministerio seguía creciendo. El 7 de diciembre de 1977 tuvimos en el Sheraton Center de Toronto un banquete para conmemorar los tres años de nuestro ministerio. Asistieron más de mil personas. El Señor nos estaba bendiciendo grandemente y algunas personas me animaron para que empezara un programa de televisión. Conseguimos un espacio en un horario de mayor sintonía en uno de los canales más importantes: el domingo por la noche a las 10:00, después del programa *Sesenta minutos*. Lo llamamos: *«Es un milagro»*.

Toronto era la ciudad donde Dios me había salvado, sanado y tocado por su poderoso Espíritu. La prensa no tenía más que buenas noticias que informar sobre el ministerio, aunque yo en mi corazón presentía que pronto abandonaría esa ciudad. Oraba para que el Espíritu Santo dirigiera.

Yo sabía que el Señor me estaba dirigiendo para establecer un ministerio internacional, pero no sabía dónde. Dos años antes, mientras viajaba en un taxi en Pittsburgh, tuve una conversación con el Espíritu Santo sobre este asunto. Él claramente me mostró que el ministerio «tocaría a todo el mundo».

Yo me preguntaba: *¿Dónde será? ¿Nueva York? ¿Los Ángeles?* Más del 90 por ciento de nuestro ministerio se estaba desarrollando en los Estados Unidos. Sentía que así era como Él nos estaba dirigiendo, pero el lugar preciso no estaba claro todavía. Mediante sucesivos acontecimientos, Dios estaba por revelarme su plan.

Los padres de Benny, Clemence
y Costandi Hinn.

(izq. a der.) Toufik, primo de Benny; su hermano
Chris, Benny y su hermana Rose.

Costandi Hinn con tres de sus hijos, (izq. a der.)
Benny, Willie y Chris

Clemence, madre de Benny (segunda desde la
derecha) con sus dos hermanos y su hermana.
Benny aparece de pie delante de su mamá.

Benny con algunos de sus amigos de los días de
Shekiná en Europa en 1974.

Madame, Eleasha y Joshua.

Suzanne y Benny en su boda

Jessica (izq.) y Natasha con sus mascotas.

En una conferencia sobre el
Espíritu Santo en Jerusalén.

En Canadá, en el comienzo de su ministerio
(atrás se puede ver a Fred Browne).

En la iglesia Calvario en Orlando, con Roy Harthern.

Se pone la primera piedra del Centro Cristiano en
Orlando. Entre los tres miembros de la junta que
ayudaron grandemente a Benny en aquellos días
estaban Floyd Mincy (sosteniendo el micrófono),
Wes Benton y Tom Spence
(extrema derecha, con anteojos).

El pastor Benny y Oral Roberts.

Con Paul y Jan Crouch.

El pastor Benny y su esposa,
Suzanne, en una campaña.

Kathryn Kuhlman.

Jim Poynter ministrando en una campaña.

Con el Dr. Lester Sumrall.

(Izq. a der.) Natasha, Eleasha, Jessica y Joshua.

Joshua y Eleasha en una campaña.

La madre de Benny, Clemence, del brazo
de la reina Rania, de Jordania.

Suzanne, Jessica y Natasha en una campaña.

Predicando en Papúa, Nueva Guinea.

300 mil personas escuchan la
Palabra en Papúa, Nueva Guinea.

Algunas de las 900 mil personas que
asistieron a la campaña en Manila, Filipinas.

Una campaña en Louisville, Kentucky.
Una típica campaña mensual como esta
reúne a más de 20 mil personas por noche.

Proyección artística del nuevo Centro Mundial de Sanidad.

CAPÍTULO 13

¡ELLA VA A SER TU ESPOSA!

Fue más que frustrante cuando llegué al aeropuerto y me dijeron: «Señor Hinn, su vuelo a Manila está cancelado». Era el verano de 1978 y yo iba a asistir a la Conferencia Juan 17.21 en Singapur, dirigida por David DuPlessis. Habría allí algunos ministros amigos a los que deseaba ver, incluyendo a Ronn Haus, quien por ese tiempo estaba trabajando con David.

Busqué otro vuelo y lo único que encontré fue uno que paraba en Hong Kong, luego en Tailandia para llegar finalmente a Singapur, lo cual, por supuesto, hizo que el viaje resultara más largo. Con dificulad llegué a la reunión final de la conferencia. Mi agenda era tan apretada que casi inmediatamente tuve que regresar a Toronto.

En el viaje de regreso, me esperaba una sorpresa. Roy Harthern venía en el mismo vuelo. Roy era un inglés trasplantado y el pastor de la Iglesia Calvario de las Asambleas de Dios en Orlando, Florida, una de las más grandes de las Asambleas de Dios de los Estados Unidos. Yo había estado predicando en su iglesia (cinco veces en un solo domingo) y en verdad fue un gozo verle. «Vamos a pedir que nos cambien de asientos y así pasar este tiempo juntos», sugirió Roy.

Apenas iniciado el vuelo, sacó su billetera y me dijo orgullosamente: «Déjame mostrarte mis niñas». En mi visita a Orlando, sus hijas gemelas estaban en la universidad de modo que conocí a su familia solo parcialmente. Las hijas asistían a la Universidad Evangel, una escuela de artes de las Asambleas de Dios en Springfield, Missouri.

Me mostró las fotos de sus tres hijas, una por una, diciéndome sus nombres y algo de cada una de ellas. Se detuvo en una, diciéndome: «Esta es Suzanne». Yo le eché una mirada un poco más detenida. En forma instantánea, algo dentro de mí me dijo: *Ella va a ser tu esposa.* No era una voz audible, pero sí inconfundible. Ella va a ser tu esposa.

«¿Puedo mirar esa foto una vez más?», le pedí a Roy. Y me dije: «Qué hermosa es».

Al mismo tiempo, pensaba, *Señor, este no es el momento de hablarme de una esposa.*

Y ME PASÓ EL TELÉFONO

Durante ese verano yo estaba enfrentando mi primera crisis seria desde que lanzamos nuestro ministerio. Debido a los enormes costos de los programas de televisión en Canadá, estábamos bajo la carga de un tremendo déficit, algo que jamás pensé que ocurriría. Aunque habíamos interrumpido las transmisiones, las cuentas por pagar todavía eran cuantiosas.

En el avión, Roy Harthern sacó su agenda y me dijo: «Benny, vamos a ver cuándo puedes visitarnos en Orlando este otoño». Fijamos la fecha y yo volví a su iglesia en septiembre.

Una tarde durante la campaña me encontraba en la oficina de Roy cuando marcó el número telefónico de su hija en la Universidad Evangel. En medio de la conversación, le dijo: «Suzanne, aquí hay alguien a quien le gustaría saludarte», y me pasó el teléfono.

«Suzanne, te habla Benny Hinn» le dije, con la voz más agradable y amistosa que pude. «He oído cosas muy lindas de ti. Tu papá me mostró tu foto cuando veníamos de Singapur. Espero conocerte un día de estos».

Ella me dijo: «Yo también he oído grandes cosas de ti».

No lo sabía en ese momento, pero ese verano su padre le había mostado mi fotografía, diciéndole, «¿qué te parece? Parece ser tu tipo, ¿no?»

La respuesta de Suzanne había sido: «¡Que sea lo que Dios quiera!» Y no volvió a pensar en el asunto.

En octubre, mientras yo estaba en Canadá, Suzanne vino a su casa en la Florida a pasar sus vacaciones de medio semestre. Una tarde, mientras iba en el auto con su madre, Pauline, esta le contó de una conversación que había tenido con su abuela, una mujer de oración de Cardiff, Gales. «Tu abuela le preguntó al Señor, «¿quién se irá a casar con Suzanne?» Y el Señor le contestó: «Benny Hinn», y esa querida señora nunca me había visto.

Suzanne, de diecinueve años, atribuyó ese comentario a alguien que se estaba poniendo demasiado vieja y que por eso no tenía las ideas muy claras. Además, todo su interés eran sus estudios y no tenía ninguna intención de entrar en una relación seria con nadie.

Y LAS RODILLAS ME EMPEZARON A TEMBLAR

Cuando la Navidad se acercaba, llamé por teléfono a Roy Harthern y le dije: «¿Qué le parece si voy a pasar algunos días con ustedes durante la Navidad?»

«Excelente», me contestó, «¡por supuesto que puedes venir!»

Yo nunca había pasado la Navidad lejos de mi familia, pero algo me tiraba hacia el sur y no era precisamente el sol de la Florida. Aun recordaba la foto que había visto en el avión y la reacción de mi corazón. Suzanne volvió a casa y le informaron que un evangelista, el mismo con quien ella había hablado por teléfono, pasaría unos días con ellos. «Trátenlo como a un miembro de la familia», les dijo Pauline a sus hijas.

Cuando llegué a la casa de los Harthern el sábado antes de Navidad, Suzanne no estaba. Se había ido adelante desde la iglesia a la casa de una familia que nos había invitado a cenar. Mucho después, me dijo, «no quería parecer ansiosa de conocerte».

Apenas entramos a la casa, Suzanne salió de la cocina para saludarnos. Yo miré sus hermosos ojos azul verdosos y las rodillas me empezaron a temblar.

CONFIRMACIÓN EN COCOA BEACH

Navidad era el lunes, y los Harthern me abrieron sus corazones. Mi nombre estaba en algunos de los regalos bajo el árbol. Después de la cena, le dije a Suzanne, «tengo unos amigos en Cocoa Beach a quienes me gustaría visitar. ¿Querrías venir conmigo?»

«¡Sí! ¿Por qué no?» me contestó en un tono que parecía querer decir: «Tengo que ser cortés».

Conduje hasta la casa de Maxine y Harry LaDuke, una pareja cristiana maravillosa a quienes conocí la primera vez que visité la Florida para hablar en la iglesia de Jamie Buckingham. Maxine era una dama realmente consagrada: una intercesora. No habíamos estado dos minutos en su casa, cuando me llevó aparte y me dijo: «Benny, ¡esa es tu esposa! ¡Cuando llegaron, había una unción en ustedes dos!» Para mí, aquella fue otra confirmación de lo que ya estaba sintiendo.

«TE VAS A SORPRENDER»

Durante esos días, Suzanne y yo tuvimos varias hermosas conversaciones sobre lo que significa vivir la vida cristiana. Cada vez estaba más impresionado de su sencillez y pureza.

Tienen que saber que yo tenía exigencias extremadamente altas para la mujer con la que habría de casarme. Había orado por alguien que nunca hubiese tocado un cigarrillo, nunca hubiese besado a un hombre y fuese vírgen. Suzanne llenaba todos esos requisitos. Aun más importante que eso, me estaba enamorando de ella. El jueves volé a San José, California para predicar en los servicios de fin de año en una iglesia pastoreada por Kenny Forman. Y antes de salir, le pedí a Suzanne que me regalara una foto suya. Buscó en su cartera y me dio una tomada en la universidad.

Ronn Haus me esperaba en el aeropuerto y me preguntó algo que estaba transformándose en una broma *vox populi*: «Bueno, Benny, ¿encontraste ya a tu novia?» «Te vas a sorprender», le contesté. «Me gusta la hija de Roy Harthern». Y orgulloso le mostré la foto.

Volviendo a Orlando, Suzanne, sus hermanas y su madre comenzaron algo que había llegado a ser una tradición anual. Empezaron un tiempo de ayuno y oración para buscar la voluntad de Dios para el año que se aproximaba.

Después, Suzanne me contó que ella empezó a sentir que algo estaba ocurriendo entre nosotros, y que oró: «Señor, si esto es de ti, confírmalo. Haz que Benny llame hoy».

Esta vez Roy hizo trampa. Me llamó para decirme que llamara a Suzanne, porque «ella me llamó y quiere que tú la llames». Así lo hice, y tuvimos una conversación maravillosa.

El Señor usó esa pequeña trampa de Roy para confirmar una vez más a Suzanne que esa era su voluntad.

UNA PRUEBA DIFÍCIL

Me sentía tan atraído por Suzanne, que pedí a los Harthern si podía volver a su casa y permanecer con ellos algunos días más. Durante ese tiempo que estuvimos juntos, puse algunas pruebas para ver si efectivamente ella era la mujer con la que me casaría, y cada prueba fue contestada positivamente. Yo pensaba: *¿Será esto simple coincidencia, o realidad? ¿Será esta la joven con que Dios quiere que me case?*

Puse una última prueba, más extravagante que las anteriores.

El lunes, primer día del nuevo año, sentado en el avión de regreso a Florida, tuve una charla con Dios. Le dije: «Si realmente ella va a ser mi esposa, haz que me diga cuando llegue, «te preparé un queque de queso» Era la prueba más extraña que se me haya podido ocurrir.

Suzanne me esperaba en el aeropuerto, y las primeras palabras que salieron de su boca fueron, «Benny te preparé un queque de queso». Y añadió, «no esperes demasiado. Nunca antes lo había hecho».

Como Suzanne se estaba preparando para regresar a la universidad, sabía que no tenía tiempo que perder.

«ESTO NO VA A SER MUY LARGO»

El viernes, los Harthern se levantaron temprano y se prepararon para el culto de oración en la iglesia, conocido como «Intercesores por América». Roy ya había salido y Pauline se aprestaba para irse. Cuando le pregunté, «¿puedo hablar con usted?» Pauline me dijo: «Me vas a hablar de Suzanne, ¿verdad?» lo que facilitó las cosas. Ella pensó que yo le iba a pedir permiso para que Suzanne fuera mi novia. Consciente que estaba tardando su salida para la iglesia, le dije: «Esto no va a ser muy largo».

En ese cuarto, donde nadie más podía oírnos, debo de haberla dejado sin sentido cuando le dije, «quiero casarme con Suzanne. La amo». Y agregué, «tengo una larga lista de exigencias para mi futura esposa, y su hija las reúne todas».

«Bueno, bueno», dijo ella con su típico acento británico y agregó, dudando, «debes hablar con su padre, y él ya se fue para la iglesia. Habla con él cuando termine el culto de oración».

Suzanne terminó de vestirse y salió conmigo para la iglesia. No sabía nada de la conversación que había tenido con su madre.

Cuando Pauline llegó a la iglesia le pidió a su esposo que se encargara de dirigir el culto. «Mi mente no estará en el servicio», le dijo.

«¿Qué pasa?», quiso saber Roy.

Pauline contestó, «si te lo digo, tampoco estarás en condiciones de dirigir el culto».

Una vez finalizada la reunión de oración, me encerré con Roy Harthern en su oficina y después de una corta charla preliminar, entré en materia. Le dije: «Roy, me quiero casar con su hija».

Cuando sonrió, supe que su respuesta sería «sí». Se concentró en el calendario y dijo: «¿Cuándo piensas que debe tener lugar la boda?» Ambos teníamos nuestras agendas recargadísimas.

Luego, me preguntó: «¿Hablaste con Suzanne?»

«No, todavía», le respondí, un poco avergonzado.

Inmediatamente, Roy hizo venir a Suzanne a la oficina. Frente a los dos, le pregunté: «¿Querrías casarte conmigo?»

No cabía en mí de alegría cuando ella contestó con un sí.

EL SECRETO DE SUZANNE

Esa noche, Suzanne me dijo: «Benny, habiéndome criado en una familia de pastor, supe desde muy pequeña que siempre he deseado dedicar mi vida al ministerio. Muy dentro de mí sentí siempre que me casaría con un predicador». Y me contó otro secreto, «desde que era una niñita supe que el hombre con quien me casaría tendría el pelo oscuro, los ojos oscuros y un cutis color oliva. Benny, tú eres el hombre que Dios tenía para mí».

El sábado en la mañana fuimos a una joyería local y le compré un anillo de diamantes y en la misma tienda se lo puse en el dedo correspondiente.

Unas pocas noches después, mi padre y mi hermano Sammy volaron desde Toronto para estar presentes en la cena de compromiso. El notable maestro de Biblia, Derek Prince, quien al día siguiente estaría predicando en la Asamblea Calvario, fue un invitado especial.

Cuando el domingo en la mañana se hizo el anuncio en la iglesia, toda la congregación rompió en aplausos y hubo profecía en el sentido que tendríamos un fructífero ministerio juntos.

La boda Hinn-Harthern se fijó para el 4 de agosto de 1979.

«VAMOS A HABLAR»

Antes de dejar Orlando, después de una cena con los Harthern, Roy me pidió que me reuniera con él para tener una conversación. «Vamos a hablar», me dijo.

Como yo estaba a punto de convertirme en su yerno, supuse que había cosas que él quería que supiera. «Háblame de ti», me dijo, cuando estuvimos frente a frente.

De inmediato empecé a hablarle de mi familia y cualquier cosa que me parecía importante. Por supuesto, no quise tocar el tema de que debido al proyecto de la televisión, nuestro ministerio estaba lamentablemente con un tremendo déficit. Pensé, si se lo menciono ahora, puede cambiar de opinión respecto del hombre que se quiere casar con su hija.

Habríamos hablado unos cuantos minutos cuando él trajo a colación el tema de los diezmos, y empecé a sentirme incómodo. Sí, yo había dado a ministerios como me había sentido dirigido por el Señor, pero por aquellos días no era un diezmador fiel. Y Roy rápidamente lo captó.

Se inclinó hacia adelante y me dijo: «Nunca olvides esto, Benny. La ley de dar es algo que no se puede cambiar».

En ese punto le hablé del peso de la carga financiera que estaba llevando. Le pregunté: «¿Qué debo hacer?»

«Empieza pagando tus cuentas a Dios», me respondió de inmediato.

Le dije: «Roy, usted no entiende. No tengo suficiente dinero para pagar *mis cuentas*».

Haciendo caso omiso de mis palabras, continuó: «Benny, si pagas las cuentas a Dios, Él pagará las tuyas».

Dos días después, Suzanne voló a Springfield, Missouri para retirar sus pertenencias del apartamento que ocupaba en la Universidad Evangel y yo tomé un avión para Toronto con las palabras de Roy Harthern aun resonando en mis oídos: «Si pagas tus cuentas a Dios, Él pagará las tuyas». Sabía que Dios me estaba hablando.

Del aeropuerto me dirigí a la oficina de nuestro ministerio, a unos diez minutos de allí. Saludé a mi secretaria, y le dije: «Marian, saque el libro de cheques».

«¿Para qué?», me preguntó.

«Solo sáquelo», le repetí. Ella sacó el libro de cheques del ministerio y lo abrió sobre el escritorio.

«Quiero que mande un cheque por $1.000 a...» Y con eso, le dije que enviara cantidades específicas a un número de ministerios y organizaciones misioneras. Ella estaba tan nerviosa que la mano le empezó a temblar mientras escribía.

Después de haber escrito dos o tres cheques, se detuvo y me preguntó, «¿qué está haciendo?»

«Solo estoy obedeciendo a Dios», le dije.

«¿Está seguro que es Dios quien le está hablando?», quiso saber.

«Sin ninguna duda», le respondí, resueltamente. «Sin ninguna duda».

Finalmente, Marian dejó la pluma sobre el escritorio y me dijo, «usted no puede hacer esto. Pronto se va a quedar sin dinero y entonces tendrá que declarar la bancarrota». En seguida miró la lista, y dijo, «no entiendo. Esta es gente a la que usted no le debe dinero».

«Lo sé», le respondí. «Ese dinero se lo debo a Dios, así es que vamos a obedecerle a Él».

UNA JUNTA DESCONCERTADA

Temprano ese día, volando hacia Toronto, había calculado que a Dios le debía más de lo que le debía al canal de televisión, y me propuse obedecer. Marian todavía estaba temblando cuando terminó de escribir el último cheque. Cuando salí de la oficina para ir a otro lugar del edificio, llamó a todos los miembros de la junta, que totalizaban nueve personas.

Esa misma tarde se reunieron en la oficina para una sesión de emergencia. «¿Qué está haciendo?», me preguntaron.

Les contesté, «estoy obedeciendo a Dios».

«Pero usted está endeudado. No puede hacer eso», replicaron. «Tenemos cuentas que pagar».

Sin pestañear, les dije, «estoy obedeciendo a Dios. Le estoy pagando a Dios lo que le debo».

Nuestro contador habló y dijo, «este ministerio se acabará hoy si usted hace eso», y empezó a darme la lista de nuestros acreedores.

Yo insistí: «Dios me habló a través de uno de sus siervos que tengo que pagarle a Él primero».

Desconcertados, algunos de los miembros de la junta renunciaron.

Entonces Fred Browne, un cristiano precioso, dueño de una compañía que reparaba casas, me dijo: «¿está seguro que Dios le habló?»

«Sí», dije, con la seguridad más absoluta.

«Bueno, si Dios le habló, estoy con usted».

«Gracias», le respondí.

«Y yo también», dijo Fred Spring.

Esa misma semana, milagrosamente, el dinero empezó a llegar a nuestro ministerio. Había notas escritas a mano en algunos de los cheques: «El Señor me dijo que les mandara esto».

En pocos meses, todas nuestras cuentas estaban pagadas, y nunca más hemos dejado de dar nuestro diezmo.

FRACS BLANCOS

Con las cosas sorprendentes que ocurrieron en diciembre y enero, no tuve más dudas sobre la nueva sede de la Asociación

Evangelística Benny Hinn. En la primavera de 1979 nos mudamos a Orlando. Durante esos meses mantuve mi agenda repleta, pero pasé cada momento que me fue posible con mi futura esposa. Volamos a Toronto y mi familia le abrió los brazos en señal de bienvenida.

La boda el 4 de agosto fue todo lo que me había imaginado, y más.

Pauline Hathern preparó una ceremonia especial que fue una combinación de boda tradicional inglesa y americana con una bendición al estilo Medio Oriente. Olvidé algunas líneas de mis votos, pero Suzanne se limitó a sonreír.

La hermana gemela de Suzanne, Leanne, fue la dama de honor junto con mi hermana menor, Mary, y Elizabeth, la otra hermana de Suzanne. Los primos de Suzanne volaron desde Inglaterra y todos mis hermanos, más el hermano de Suzanne fueron parte de la ceremonia, luciendo garbosos en sus fracs blancos. Mi prima Tina, hija de Rosa, era la dama de las flores.

Al día siguiente, mientras volábamos sobre el Océano Pacífico, pensaba cuán lejos me había traído el Señor: Jope, Toronto, Orlando y ahora Hawai para nuestra luna de miel.

CAPÍTULO 14

DÍA DE CORONACIÓN

Nuestro primer año de matrimonio fue como un remolino. Suzanne y yo estuvimos en reuniones desde Buffalo a Anaheim además de Suecia, Canadá, Inglaterra, Alemania y dos viajes a Israel. Nuestro programa radial diario se estaba escuchando en las ciudades más importantes, incluyendo Los Ángeles, Detroit, Phoenix, Tulsa, Denver, Miami y Orlando.

Como cualquier pareja, teníamos algunos ajustes que hacer. Aunque Suzanne estaba decidida a ser una esposa sumisa, cuando era necesario mostraba su fuerte voluntad. En cuanto a mí, me di cuenta que tenía que suavizar algunas de mis actitudes del Medio Oriente de lo contrario habría un fuerte choque de culturas.

En el otoño de 1981, ella me dijo: «Tengo maravillosas noticias. El médico dice que estoy embarazada». Aquellas palabras me llenaron de alegría y emoción.

Nuestra primera hija, Jessica, nació el 25 de marzo de 1982. Aquella fue una experiencia maravillosa. Ella se transformó desde su llegada en la princesa del hogar.

FUE HORRIBLE

La mayoría de las reuniones que por aquellos años llevaba a cabo tenían lugar en iglesias. No viajábamos con un equipo, solo Suzanne y yo volábamos de ciudad en ciudad. Con la responsabilidad de un bebé, sin embargo, ella se mantuvo más cerca de casa.

Nuestra familia creció cuando mis padres y algunos de mis hermanos se mudaron al sur desde Canadá.

En septiembre de 1982 los planes de mi padre sobre un retiro temprano se hicieron trizas. Mientras alzaba una caja en su casa, sintió en sus pulmones una sensación extraña y molesta, algo así como un tirón. Fue doloroso, por lo que entendió que se trataba de algo serio.

Hizo una cita con el médico y después de una serie de exámenes, el doctor le dio una noticia sencillamente horrible. Le dijo: «Señor Hinn, lamento decirle que tiene cáncer de pulmón».

Mi padre no había estado seriamente enfermo ni un solo día en su vida; sin embargo, había sido un gran fumador, y aquí estaba ahora el resultado.

No creyó lo que había oído, de modo que le dijo a mamá, «ese doctor está loco. Necesito hablar con alguien más».

Cuando supe la noticia, sentí un gran dolor. Llamé al médico y le pregunté: «Doctor, ¿cómo puede estar tan seguro que mi padre tiene cáncer de pulmón?»

«Lo mostró el examen de sangre», replicó.

Le dije a mi padre: «papá, vamos a buscar una segunda opinión. Anda a tu médico en Canadá y que él te examine. Él te conoce desde hace mucho tiempo».

De inmediato se empezaron los preparativos para el viaje.

Me encontraba predicando en una campaña en la Primera Iglesia de las Asambleas de Dios en Pensacola, Florida y me mantenía en contacto telefónico con mamá.

«Benny», me dijo una noche, «tu padre no se siente nada de bien. Mañana salimos para Toronto».

Hice todo lo posible por regresar a Orlando, pero las cosas se complicaron. El vuelo en el que pensaba viajar fue cancelado. Después de mucho buscar otras alternativas, encontré a un piloto de un avión privado de un solo motor que accedió a llevarme a Orlando.

Tocamos tierra en el momento en que el avión comercial que llevaba a mi padre a Toronto despegaba. No alcancé a verlo.

Casi al mismo tiempo que nuestro médico de familia en Toronto examinaba a mi padre, nosotros hacíamos los arreglos necesarios para internarlo en un hospital. Más tarde, hablé con él por teléfono y por la firmeza de su voz me di cuenta que estaba perdiendo las fuerzas.

Cuando llegué a Toronto ya estaba en cuidados intensivos, conectado a un respirador y con alimentación por vía intravenosa. No pudo hablarme ni verme debido a las fuertes drogas que se le estaban administrando. Sin embargo, cuando entré al cuarto me oyó y supo que yo estaba allí.

Oramos para que Dios restaurara su cuerpo, pero yo le dije también a Dios, «si no vas a sanarlo, te ruego que lo lleves a tu presencia».

Dos noches después, mientras yo dormía en la casa de mi hermana, tuve un sueño y vi a mi padre. Se veía radiante de gozo. Su rostro fulguraba.

Ese mismo día, cuando desperté, recibí una llamada telefónica del hospital. «Señor Hinn, lamentamos decirle que su padre ha fallecido».

Murió de cáncer de pulmón a los cincuenta y ocho años de edad.

En mi corazón había paz y confianza que ahora él estaba en el cielo. Pensé una vez más en aquella noche en la sala de nuestra casa, cuando a las dos de la mañana, Costandi Hinn había entregado su corazón a Cristo.

SOLO UN CASCARÓN

Debido a que la mayoría de nuestros familiares todavía asistían a la Iglesia Griega Ortodoxa de Toronto, mi madre pensó que sería bueno tener el servicio fúnebre de su amado esposo en esa iglesia.

Fue a ver al sacerdote y le dijo: «Quiero que se encargue de la primera parte del servicio fúnebre, y que su hijo Benny hable cuando usted haya finalizado».

El sacerdote protestó, pero mi madre le dijo: «Este es nuestro servicio y es la forma en que queremos que se desarrolle». De mala gana, el sacerdote accedió.

Trescientos familiares y amigos se reunieron en el adornado santuario de la Iglesia Griega Ortodoxa. El ataúd de mi padre se colocó ante el altar.

Después que el sacerdote hubo concluido la tradicional ceremonia religiosa, me hizo señas para que pasara al frente.

Abrí mi Biblia y empecé a predicar un mensaje sencillo de salvación. Les dije a las personas allí reunidas, «mi padre no está en este ataúd; allí está solo su cascarón». Leí el pasaje que dice: «ausente del cuerpo pero presente con el Señor».

En un momento, me dirigí al ataúd y empecé a golpear en él. «¡Mi papá no está aquí!», dije. «¡Él no está aquí! ¡Se fue para estar con Jesús!»

La gente en el santuario no me despegaba la vista. Eché una rápida ojeada al sacerdote y por su expresión puedo decir que estaba bastante nervioso. No sabía cómo reaccionar.

Entonces llamé al frente a mi madre, a Suzanne, a mis hermanos y a mis hermanas. Nos agrupamos alrededor del ataúd y empezamos a adorar al Señor. Nuestros ojos cerrados y nuestras manos alzadas hacia el cielo. Espontáneamente, empezamos a cantar, «mi alma alaba al Señor mi salvador. ¡Cuán grande es Él! ¡Cuán grande es él!»

Cuando abrí los ojos y miré a la congregación, vi que la gente estaba impresionada. Algunos lloraban. En ese momento, sentí hacer un llamado al altar. «Si usted quiere conocer a este mismo Jesús del cual les he venido hablando, me gustaría orar con ustedes ahora mismo», dije.

Varios amigos de mi padre entregaron sus corazones a Jesús aquel día, incluyendo a dos de mis primos.

¡Fue un día de coronación!

RALPH ORÓ

Sentí profundamente la pérdida de mi padre. En los últimos años de su vida habíamos estado muy cerca el uno del otro. Era una amorosa relación de respeto mutuo, hecha fuerte por el vínculo del Calvario.

Ahora que él se había ido sentía mi corazón pesado.

La semana después del funeral estaba parado en el púlpito en Melodyland, Anaheim, California y me di cuenta que me costaba predicar. Después del servicio, viajando en el automóvil con mi amigo el pastor Ralph Wilkerson y su esposa, Allene, dije: «Ralph, necesito que ores por mí. Realmente que siento la pérdida de mi padre».

Allí mismo en el automóvil, Ralph empezó a orar en voz alta, y la presencia del Señor vino sobre mí aquella noche como un radiante amanecer. Mientras corríamos por la carretera, íbamos cantando y alabando al Señor.

Doy gracias a Dios por gente como los Wilkerson a quienes Dios envió a mi vida en los momentos precisos.

VUELO A PHOENIX

El día que mudamos nuestras oficinas a Orlando, Dios empezó a trabajar conmigo en cuanto a abrir una iglesia, un centro de sanidad y esperanza que pudiera ser la base para un movimiento de alcance mundial. Personalmente, luchaba contra la idea. «Señor, ¿no puedo mantenerme yendo a través de las puertas que tú vas abriendo? ¿Necesito realmente la responsabilidad de pastorear una congregación?»

Parecía que cada vez que oraba, el llamado del Señor se hacía más fuerte.

Un día, le dije al Señor: «Señor, si quieres que levante una iglesia, ¿por qué tiene que ser en Orlando? ¿Por qué no alguna otra ciudad?» Incluso pensé seriamente en mudarme a Phoenix, Arizona.

Decidí que en mi próximo viaje a la costa oeste, me detendría en Phoenix y le echaría una mirada a la ciudad. Unas pocas semanas después eso fue lo que hice.

En el avión estaba sentado junto a mí un señor de Orlando, un hombre de negocios que resultó ser episcopal. Después de conversar por algunos minutos, me preguntó: «¿A qué se dedica usted?»

Cuando se lo dije, me replicó: «¿tiene una tarjeta personal?»

«No», le dije, «pero tengo una de mis cartas noticiosas».

En la última página estaba mi agenda. La miró, y me dijo, «no sé por qué le estoy diciendo esto, pero usted necesita establecerse en un lugar y dejar que algunas de estas personas vengan hasta donde está usted».

Yo le dije, «estoy volando a Phoenix porque pienso trasladar las oficinas allí».

Con voz resuelta, me dijo, «no hay punto de comparación. Orlando va a tener un crecimiento espectacular dentro de muy pocos años. Allí es donde debe estar».

«DIOS LO ENVIÓ»

Después de una corta estancia en Phoenix seguí hasta San José para ministrar para mi amigo Kenny Forman, quien había recibido palabra del Señor sobre mí, diciendo: «Si no comienzas una iglesia en Orlando, estarás perdiendo a Dios».

De ahí fui a Tampa, Florida y el Señor me dio un mensaje casi idéntico a través de otra persona. Entonces prediqué para mi querido amigo Tommy Reid en Buffalo, Nueva York, quien dijo: «Debes obedecer a Dios y comenzar una iglesia en Orlando».

Mientras tanto mi suegro, Roy Harthern renunciaba como pastor de la mega iglesia Asamblea Calvario, en Orlando. La gente empezó a decirme: «Benny esto te deja la puerta abierta para que comiences una nueva iglesia sin que parezca que estás compitiendo con alguien de tu familia».

Parecía que cada vez que oraba, veía los cielos de Orlando. Veía los rostros de la gente en aquella ciudad que parecían más hambrientas de Dios. «Señor, ¿qué estás tratando de decirme?»

Le dije a Suzanne: «No me puedo librar de esto. El Señor realmente está luchando conmigo sobre comenzar una iglesia aquí».

Una noche, después de una sincera oración, me puse de pie, miré al cielo, y dije: «Está bien, Señor, voy a alquilar un gran auditorio y tener un servicio de una noche. Si llenas el edificio, sabré que eres tú, y comenzaré una iglesia»

MIRACLE LIFE CENTER

A finales del otoño de 1982 alquilamos el Auditorio Tupperware, cerca de Kissimmee, en las afueras de Orlando. No solo el edificio estaba lleno sino que fue una de las más grandes reuniones que haya tenido en la ciudad.

En los siguientes meses empezamos a hacer planes para comenzar una iglesia que hiciera un impacto en toda la región central de la Florida. Alquilamos el edificio de Juventud para Cristo en la calle Gore, en el centro de Orlando y anunciamos que el domingo 20 de marzo de 1983 tendría lugar el primer servicio de Miracle Life Center. Asistieron más de cuatrocientas personas.

Yo no tenía idea de cuánto duraría mi pastorado en Orlando. Podría ser un año, cinco años, diez años, o incluso más. Mi oración era: «Señor, lo que hago es obedecerte».

A finales de los años setenta y principio de los ochenta, prediqué muchas veces en Jacksonville, Florida, en una hermosa iglesia pastoreada por Paul Zink. Por ese mismo tiempo él estaba saliendo, y un excelente grupo musical de su iglesia decidió mudarse a Orlando y ser parte de nuestro ministerio. Mi hermano Willie, quien me estaba ayudando en el Miracle Life Center, estaba encantado. Más tarde contrajo matrimonio con una de las solistas del grupo.

La iglesia empezó con servicios los domingos por la tarde, pero pronto teníamos cultos por las mañanas, por la noche y también los miércoles por la noche.

A mediados de los años setenta empecé a aparecer en Praise the Lord el programa pivote de la Trinity Broadcasting Network. Paul y Jan Crouch, los animadores, me habían hecho una invitación permanente para que estuviera en su programa cada vez que pasara por el sur de California.

Cuando Paul Crouch, presidente de TBN supo que estaba iniciando una iglesia, me dijo: «Benny, ¿por qué no grabas en video tus cultos del domingo en la mañana? Los pondré en la red gratis. Todo lo que tendrías que pagar serían los costos de producción local y enviarnos las cintas».

Inmediatamente formamos un equipo de televisión y empezamos a filmar los servicios del domingo por la mañana directamente en Gore Street. Desde 1983 a 1990 la TBN transmitió los programas cada semana, gratuitamente.

Conocía gente casi cada semana cuyas vidas habían sido tocadas por aquellas transmisiones.

Semana a semana, se fue diseminando lo que Dios estaba haciendo en el Miracle Life Center. Y Satanás debe de haberlo oído también.

Solo dos meses después de haber comenzado nuestro ministerio en Orlando, la tragedia nos golpeó duro. Cuando menos lo esperábamos, Suzanne y yo nos vimos enfrentados violentamente con la muerte.

CAPÍTULO 15

EL ACCIDENTE

«¡Tenemos problemas!», dijo el piloto.

Aquellas palabras me despertaron. Estábamos volando en un avión privado, pequeño, de un solo motor, a 11 mil pies de altura. Era el mes de mayo de 1983 y regresábamos a Orlando desde Naples, Florida. Habíamos seis a bordo. Era la una de la mañana y el cielo estaba negrísimo.

«Creo que nos hemos quedado sin gasolina», dijo, preocupado, el piloto, mientras el motor emitía dos o tres explosiones de gas y se detenía.

Suzanne estaba sentada a mi lado. Hacía lo mejor que podía para mantener la calma, pero era evidente que estaba sumamente nerviosa. Prueba de ello era el dolor que me causaban sus uñas en mi brazo.

Los siguientes breves minutos parecieron una eternidad. Ambos estábamos aterrorizados. Yo podía sentir que el corazón golpeaba fuertemente contra la caja torácica. Pensé, Dios del cielo, es posible que esté contigo en un minuto. Luego me hice la pregunta: «¿Estoy listo?»

En ese momento uno no tiene idea de la fuerza que trae esa pregunta. Mi respuesta no dejó lugar a dudas. Sí, estaba listo.

De pronto, mientras el avión caía y el piloto buscaba ansiosamente un lugar donde aterrizar de emergencia, mi mente retrocedió como la luz de un relámpago a algo que había ocurrido ocho meses atrás.

LA INTENCIÓN AVIESA DE SATANÁS

El mes de septiembre anterior, en la funeraria, justo antes del servicio fúnebre de mi padre, el director se me acercó y me dijo: «Reverendo Hinn, necesitamos una corbata para su padre. ¿Podría conseguirme una?» Inmediatamente me quité la que yo andaba usando y se la di. Más tarde, después del servicio fúnebre, me encontraba en el cementerio frente al ataúd. Mientras bajaban la caja donde yacía el cuerpo de mi querido padre, algo ocurrió que casi se había borrado de mi recuerdo. Pero ahora, mientras el avión experimentaba una caída libre, lo recordé todo claramente.

Mientras los empleados continuaban bajando el ataúd, empezó a ocurrir algo extraño. Yo le había dado mi corbata a mi padre, pero de repente sentí que algo me apretaba fuertemente el cuello, como si mi propia corbata me estuviera tratando de ahogar. Al mismo tiempo, oí una voz que decía: «Dentro de un año te mataré».

Inmediatamente respondí en alta voz, diciendo: «¡No, no lo harás!» Sabía que cuando Satanás habla, yo debo responderle sin pensar en la gente que me rodea.

Miré, entonces, al cielo, y dije: «¡Señor Jesús, el diablo no puede hacer esto!» Instantáneamente oí la confortante seguridad del Espíritu Santo. Dijo solo dos palabras pero era todo lo que necesitaba en ese momento. El Espíritu dijo: «¡No puede!»

Ahora, en este avión, esas palabras de Satanás adquirían un tono siniestro: «Dentro de un año te mataré». Con gratitud, recordé también la voz del Espíritu Santo.

Tomó solo un segundo para que la escena completa se proyectara en mi mente. Entonces, la paz de Dios me rodeó y pude oír la voz del Señor diciéndome de nuevo: «¡Todo está bien!»

Me volví a Suzanne y a los aterrorizados pasajeros y les aseguré: «No tengan miedo. ¡Todo va a salir bien!»

Por lo general, soy rápido para inquietarme, pero ahora estaba totalmente calmado. Sin el rugir del motor, la calma era algo extraño en ese avión. El piloto logró ver una pista de aterrizaje cerca de Avon Park, Florida y trató de maniobrar la nave hacia allá. Pero sin la fuerza del motor, aquel esfuerzo resultó infructuoso, y la perdió.

El avión se estrelló.

LA MANO DE UN ÁNGEL

Chocamos contra un árbol y el pequeño aparato dio unas cuatro vueltas. Quedó completamente destrozado. Las ruedas se desprendieron y quedaron colgando de un árbol. El fuselaje estaba tan dañado que un observador habría tenido que preguntarse si habría habido sobrevivientes.. El motor se había salido de su lugar y nosotros nos encontrábamos boca abajo.

La puerta del avión había desaparecido y yo braceé para salir después de haberme dado cuenta que no estaba herido. No tenía ni un rasguño. En la oscuridad, desorientado, empecé a correr en círculos buscando ayuda sin saber dónde estábamos o qué dirección tomar. Al final llegué a la conclusión de que nos encontrábamos en el medio de una finca. Entonces, pensé: *¿Qué es lo que estoy haciendo? Debería estar sacando a Suzanne y a los otros.*

Corrí hacia el avión para descubrir que yo era el único que no estaba herido. El piloto se quejaba terriblemente mientras yo trataba de sacarlo. En la oscuridad, vi a Suzanne. Una de sus piernas sobresalía por el hueco de la puerta. No tenía movimiento, lo que me hizo temer que estuviera herida de gravedad. Desesperado por sacarla del avión, empecé a tirar y al hacerlo, me pareció que la pierna estaba quebrada. Pronto me di cuenta que su brazo también estaba bastante magullado.

Milagrosamente, nadie había perecido en el accidente. Mientras la ambulancia corría para socorrernos, cubriendo una distancia que parecía sideral, empecé a clamar: «¡Señor, el diablo nos quiso matar, pero tu ángel estuvo con nosotros!»

Más tarde supe que en ese preciso momento, una señora en California había sido despertada de su sueño. Ella me contó la historia de cómo Dios la despertó y le dijo: «¡Benny Hinn y su esposa están en peligro! ¡Ora!» Ella me dijo: «¡Joven, el diablo quería apagar la llama de su vida!» ¡Cuán bien lo sabía yo!

También sabía que el Señor no había terminado aun con Suzanne y conmigo. El Espíritu Santo me ha dado la seguridad de que la protección de Dios está sobre nuestras vidas precisamente por esto.

UNA BIBLIA A TODO COLOR

Yo creo que en ese tiempo de mi vida establecer un ministerio en Orlando había sido ordenado divinamente. No solo las vidas de mucha gente serían milagrosamente tocadas, sino que yo mismo era retado a profundizar en la Palabra de Dios día tras día para prepararme para los servicios. Por todo el auditorio, la gente tenía sus Biblias abiertas y tomaba notas de cada mensaje.

En varias ocasiones la gente ha mirado a mi Biblia, la que uso para estudiar y predicar y han comentado: «Es la Biblia más colorida que jamás había visto. ¿Para que serán todas esas marcas?»

Desde mis días en Toronto, he hecho un hábito usar un color como código en cada versículo importante que leo en la Palabra. De hecho, siempre que estudio la Biblia tengo a mano siete lápices, cada uno de un color diferente. Así es como marco el texto bíblico:

Rojo: Promesas.
Azul: Enseñanza, o aprendizaje.
Café: Muy importante.
Anaranjado: Mandamientos.

Verde: Profecías y su cumplimiento.
Púrpura: Oración.
Amarillo: Cosas para recordar especialmente.

A veces combino dos colores. Por ejemplo: café y verde me dicen que se trata de una profecía muy importante..

Además de agregar color a las Escrituras, uso una versión de la Biblia con un amplio margen, lo que me provee buen espacio para hacer anotaciones.

«¡ES SUYA!»

«¿Qué vamos a hacer?» les pregunté a los que me estaban ayudando a establecer el nuevo ministerio. «No tenemos espacio».

La iglesia no tenía más de cuatro meses y en el Miracle Life Center había espacio solo para estar de pie. Con gran urgencia empezamos a buscar un terreno donde construir un edificio permanente.

Pronto encontramos una propiedad estratégicamente localizada en Forest City Road, al norte de Orlando. Estaba en un lago, el Lago Lovely.

Recuerdo el día que recorrí a pie la propiedad de punta a cabo mientras oraba: «Señor, reclamo esta tierra para ti. ¡La reclamo en el nombre de Jesús!»

Me reuní con la anciana propietaria de la tierra y le dije: «Dios me dijo que esta propiedad iba a ser nuestra».

Mis palabras no parecieron causarle gran impresión. «Bien, reverendo», me respondió, «ya tenemos otro comprador».

«Yo solo le estoy comunicando lo que me dijo el Señor», repliqué.

Lo que se me olvidó decirle fue que no teníamos ni un centavo para pagarla. Unas pocas semanas más tarde regresé a la casa de la dama y le volví a decir: «Dios me dijo que esta propiedad iba a ser nuestra».

Esta vez, su respuesta fue completamente distinta. Me dijo: «Bien, si puede llegar con el pago inicial, le venderé la tierra». Y acto seguido, hizo una confesión: «Joven, déjeme decirle algo que le va a resultar interesante».

«¡Dígame, señora!», le respondí, curioso.

«Bien», empezó diciendo, «antes que mi esposo falleciera, me hizo prometer que la única cosa que podría construirse en esta propiedad sería una iglesia». Y luego añadió: «¡Es suya!»

No necesito decir que al domingo siguiente hubo gloria en Gore Street.

«¡VAMOS!»

Unos pocos días más tarde, yo estaba en Miami, Florida predicando en una iglesia iniciada por mi amigo Bill Swad, un dinámico hombre de negocios cristiano, propietario de varios negocios de venta de automóviles en Ohio. Después del servicio de la mañana, Bill me dijo: «Benny, hay un hombre en el hospital que creo que debemos ir a visitar y orar por él. ¿Vendrías conmigo?»

Para ser sincero, no tenía muchas ganas de ir. Era aquel un día calurosísimo y terriblemente húmedo. Después del servicio lo único que quería era descansar. Sin embargo, Bill insistió en que fuéramos y oráramos por el hombre. Medio a regañadientes, fui. Encontramos al hombre conectado a una máquina de diálisis con tubos por todas partes. Su nombre era Floyd Mincy.

«Floyd, te presento a Benny Hinn», le dijo Bill. «Le he pedido que venga y ore por ti».

Él asintió con la cabeza.

Oré rápidamente, pidiéndole al Señor que lo sanara, y sutilmente le hice señas a Bill para que nos fuéramos.

Tres semanas después, Floyd y su esposa, Maryana, asistían a nuestro servicio de Escuela Dominical en el Miracle Life Center, de Orlando. Floyd testificó de cómo el Señor lo había sanado. Dijo: «En el momento en que usted entró a ese cuarto de hospital, fui sanado completamente por el poder de Dios. ¡Completamente!»

Durante el servicio hablé sobre la visión de construir una iglesia en la nueva propiedad y les expresé mi pasión de ganar almas perdidas para el Señor. Cuando la reunión hubo concluido, Floyd y Maryana vinieron a mí y me dijeron: «Pastor Benny, el Señor nos dijo que lo ayudáramos en lo que Él lo ha llamado a hacer».

Fueron Floyd y Maryana quienes más tarde ayudaron a la iglesia con una gruesa suma de dinero en la nueva propiedad.

A pesar de mi oración apresurada en aquel cuarto de hospital, el Señor fue fiel.

Dios ha continuado bendiciendo a la iglesia a través de las vidas de muchas personas distinguidas, gente como Wes Benton y Emil Tanis, antiguos miembros de la junta y grandes apoyos del ministerio.

El domingo 17 de noviembre de 1983, tuvimos el servicio de colocación de la primera piedra en la nueva propiedad y se mostraron los planos del nuevo Orlando Christian Center.

DOS GRANDES ACONTECIMIENTOS

Como nuestros servicios dominicales matutinos estaban siendo televisados por TBN nacionalmente y vía satélite a varios países del mundo, había visitantes prácticamente en cada servicio. «No vinimos a Orlando solo para ver a Mickey Mouse», nos decían algunos. «Lo vemos cada semana en la televisión y no podíamos perder la ocasión de visitarle».

Siempre recordaré 1984 como el año en que ocurrieron dos hechos muy importantes. El primero tuvo lugar el 1 de mayo: Suzanne y yo nos convertimos en padres de nuestro segundo hijo, una linda bebita llamada Natasha.

Y el segundo, nos mudamos a nuestro auditorio de 2,300 asientos en Forest City Road. Era el principio de una gran aventura espiritual para mí, para mi famiia, y para las miles de

vidas que han sido salvadas, sanadas y liberadas porque obede-
cimos a Dios.

No había forma de saber que el «OCC», como lo llamamos,
sería la plataforma de lanzamiento para algo mucho más grande que Dios estaba preparando.

CAPÍTULO 16

Un mandato del cielo

«Benny, hay algunas personas muy especiales que vienen a trabajar conmigo y necesito que las conozcas», me dijo mi hermano Henry quien, por ese tiempo, era un evangelista itinerante. Corría el mes de julio de 1986.

Después de un culto de miércoles por la noche en nuestra iglesia, Henry me presentó a Dave y Sheryl Palmquist, quienes se habían mudado a Orlando para asumir la administración de su ministerio. Anteriormente, esta talentosa pareja me dijo: «había sido parte del equipo de trabajo de la iglesia Soul's Harbor en Minneapolis, Minnesota, y en la Cathedral of Tomorrow en Akron, Ohio.

Bastó que escuchara una vez a Sheryl tocar el piano y el órgano para que le pidiera que fuera parte del equipo musical en el Orlando Christian Center. Fueron miembros fieles de la iglesia. En febrero de 1987, cuando Dave Palmquist y mi hermano Henry me llevaban al aeropuerto, me volví a Dave y le dije: «Dave, tú vas a ser pastor en el OCC. Ya lo discutí con Henry y él ha dado su bendición». El Señor confirmó esto en el corazón de Dave y fue así como al mes siguiente se unió a nuestro equipo.

«¿Qué estás haciendo en Florida?»

Unas pocas semanas después, hice una llamada telefónica a alguien que había jugado un papel decisivo en mis primeros tiempos en Canadá. Me refiero a Fred Spring, el pastor de

Sault Sainte Marie, que había sido miembro fundador de mi junta.

Fred había renunciado a la iglesia en Canadá y, después de pastorear en Michigan y Ohio, se mudó a Lakeland, Florida. Su futuro lo veía incierto. Todavía no sé cómo me encontré con su número telefónico, pero el caso es que lo llamé y le dije: «Fred, ¿qué estás haciendo en Florida? Voy rumbo al aeropuerto y sentí que el Espíritu Santo me decía que te llamara». Contento, Fred me contestó: «Benny, qué bueno es oírte». Después de unos cuantos cumplidos, le dije, «Siento en mi espíritu que deberías unirte a nuestro equipo en Orlando. No tienes que contestarme ahora». Él y su esposa, Bette, no sabían qué pensar de la emoción. Pero doce días más tarde, después de orar sobre el asunto, se unieron a nuestro equipo.

«YO CONOZCO A ESA PERSONA»

Ese mismo año me encontraba en California y, atendiendo a la invitación de los Crouch, aparecí en el canal Trinity Broadcasting Network. Uno de los invitados de esa noche era el bajo John Hall. Durante un descanso en el programa, le dije a John: «No se vaya después del programa. Necesito hablar con usted».

Cuando terminamos de hablar, le pregunté: «John, en sus viajes, ¿no se ha encontrado con alguien que pudiera ser un gran ministro de música para nuestra iglesia?» Estábamos buscando a una persona que tuviera al Espíritu de Dios en su vida y que pudiera llevar nuestro programa musical al más alto nivel.

John sonrió y respondió: «Creo que conozco a esa persona. Se llama Jim Cernero. Él fue el ministro de música de la First Assembly en North Hollywood, California y está ahora en una iglesia en la Costa Este. Debería echarle una llamada».

John Hall me dio el número telefónico y a la mañana siguiente llamé a Jim Cernero. «¿Podrían usted y su esposa venir a Orlando este fin de semana?» le pregunté. Jim estaba sorprendido de mi llamada, sobre todo porque me había visto en el programa de televisión de la TBN la noche anterior.

«Sí», me dijo. «Allí estaremos».

Ese domingo por la mañana, Jim Cernero y su esposa estaban entre la audiencia. Nunca lo había visto dirigir un coro o a la audiencia en la adoración, pero sentí fuertemente que Dios quería que este hombre fuera una parte integral de nuestra iglesia.

En medio del culto, dije: «Jim, siento que esto es del Señor. Creo que usted tiene que ser nuestro ministro de música».

Toda la congregación irrumpió en un aplauso espontáneo.

Dios estaba formando poco a poco nuestro equipo: los Palmquist, Fred Spring, y ahora Jim Cernero. Ninguno de nosotros sabía de los milagros que nos esperaban.

A UNA NUEVA ERA

Durante 1989, cada vez que oraba, oía al Señor hablándome muy claramente respecto del futuro. Dios me decía: «Llevarás a cabo campañas de sanidad en todo el mundo». De nuevo, como ocurrió cuando entregué mi corazón al Señor en Toronto muchos años atrás, vi estadios gigantescos llenos a toda su capacidad, con personas pasando adelante para aceptar a Cristo.

Pero por alguna razón, me resistía a orar por esto para que se hiciera una realidad. Me sentía indigno de que Dios me usara en esa forma.

Las páginas del calendario seguían cayendo y yo seguía sin querer orar por eso. Día tras día sentía la urgencia de caer sobre mis rodillas y pedirle a Dios que me diera un ministerio de sanidad mundial. Pero cada vez que oraba, no podía pedirle a Dios que me diera lo que sabía que me había prometido.

Finalmente, la convicción en mi corazón se hizo insoportable, de modo que fui a mi oficina y derramé mi corazón.

«Señor», clamé, «me estoy dando completamente a ti. Estoy dispuesto a obedecerte en todo». En ese momento, el Señor me dio una visión a través de la cual confirmaba su voluntad para mí.

A la semana siguiente, en uno de los servicios finales de 1989, me paré ante la congregación en Orlando y les dije: «Estamos a punto de entrar en una nueva era de ministerio, una era que impactará al mundo por la eternidad. Tengo una gran expectación y entusiasmo respecto a nuestro ministerio en los años noventa. Nunca antes había sentido esto en mi alma, como un anticipo de lo que está a punto de ocurrir con el pueblo de Dios». Y seguí diciendo: «He tomado la decisión de ponerme al frente de este gran avivamiento. Quiero estar listo para avanzar cuando Dios me diga, avanza, conquistando valientemente y poseyendo la tierra, recuperando lo que Satanás ha robado».

LA FÓRMULA DE DIOS

Al comenzar 1990, viajé a Singapur para hablar en una conferencia. Allí, mientras estaba sentado en la plataforma, ante quienes habría de ministrar, Dios empezó a detallar exactamente lo que haría cuando regresara a casa. Y me dijo: «Da al mundo el mensaje de mi poder salvador y sanador en programas diarios de televisión y en campañas de sanidad».

Y a continuación, el Señor me dio la «fórmula» de lo que tendría que presentar en la televisión. ¡Qué bendecido me sentí! Él me estaba diciendo: «Esto es lo que tienes que hacer, y esta es la forma en que lo harás».

El Señor me dijo, además: «En el programa, ora por los enfermos, da reportes de alabanza y muestra mi poder».

Al mismo tiempo, Dios me volvió a decir que era el tiempo de organizar cruzadas gigantes tanto en los Estados Unidos como en otros países. Estas eran aguas inexploradas, lugares donde nadie antes había estado.

Cuando la gente sabe que empecé a predicar en 1974, supone que desde el comienzo he estado involucrado en grandes reuniones con un equipo de asociados. Lejos de eso. Con la excepción de los servicios semanales que teníamos en Toronto, la mayor parte de nuestro ministerio era por invitación de una iglesia local o para hablar en conferencias.

Ahora, la orden de avanzar que me estaba dando Dios me llevaba en una dirección completamente nueva. Tendría que organizar campañas mensuales en grandes auditorios y estadios.

En el mismo minuto que regresé a Orlando, tomé el teléfono y llamé a Paul y Jan Crouch, que eran ya mis queridísimos amigos. Desde 1983, TBN había transmitido nuestros servicios de predicación de los domingos por la mañana y los arreglos financieros no habían cambiado: la TBN me daba el espacio gratis y nosotros pagábamos los gastos de producción.

Sabía anticipadamente que esto sería diferente. Ahora habría envueltos costos importantes, incluyendo pagos por uso del espacio. También era claro que no teníamos los recursos como para comprometernos en una transmisión diaria.

«Paul, te habla Benny», comencé diciendo, e inmediatamente fui al punto. «Sé que te va a ser difícil creerlo, pero el Señor me dijo que te llamara y te pidiera que me des media hora diaria en tu canal».

«Bueno, es sorprendente que llames precisamente hoy», me respondió.

«¿Por qué?»

«Porque acaba de concluir un programa que se había venido transmitiendo por años. Tú puedes tener el mismo horario, las 11:30 cada mañana».

Mi corazón saltó. *¡Gracias, Señor!*

«¡Eso es sencillamente fenomenal!», le dije. «Paul, tenemos solo un problema. No tengo dinero para pagar el espacio».

«No te preocupes», me respondió. «Nos pagarás cuando llegue el dinero».

Yo caminaba por entre nubes. Dios no solo me había dado los planos, sino que había ido adelante pavimentando el camino.

APARTADO 90

La primera semana de marzo de 1990, unos días antes que saliéramos al aire con nuestro programa de televisión diario, le pedí a Sheryl Palmquist que fuera al correo de Orlando. Necesitábamos un apartado postal que fuera fácil de recordar para nuestros televidentes, en lo posible uno de dos dígitos. «Consigue el mejor que puedas», le dije. «Y asegúrate que no tengamos que cambiarlo».

Cuando regresó, me dijo, «Pastor, podemos tener el Apartado 90».

En ese momento el Señor habló a mi corazón y me dijo que esa sería nuestra dirección durante toda la década, hasta 1999, después de lo cual habría cambios. Yo solo conocía el mandato del Señor para esa década.

¡Había, sin embargo, un dilema! El apartado postal no era grande, sino del tamaño más pequeño de que dispone la oficina de correos.

Sheryl entonces habló con el encargado, y le dijo: «Queremos el apartado 90, pero en el caso que recibamos más correspondencia de la que se puede poner en ese apartado, ¿podríamos conservar el número?»

«¿De cuánta correspondencia está hablando?», le preguntó el empleado.

Sheryl contestó: «Digamos que mil o dos mil cartas diarias».

«¿Qué le hace pensar que va a recibir esa cantidad de cartas diariamente?»

«Bueno, uno nunca sabe».

El empleado de correos, entonces, dijo: «Señora, si usted recibe esa cantidad de cartas, no tiene por qué preocuparse.

Las pondremos en un contenedor y cuando usted venga, se lo subimos a su automóvil».

«¡MIRA ESTO!»

La primera transmisión diaria por TBN de *This Is Your Day* fue el 5 de marzo de 1990. En ese tiempo, el programa se llamaba «Invasión milagrosa». ¡El milagro fue que fuimos capaces de producir el programa! No teníamos estudios. Las primeras transmisiones fueron grabadas en mi oficina privada, mientras Sheryl Palmquist, nuestra organista, y Bruce Hughes, nuestro pianista, proveían el trasfondo musical desde la plataforma de la iglesia. Junto a ellos estaban Dave Palmquist y Kent Mattox.

Kent y su esposa empezaron a asistir a nuestra iglesia varios años antes. Habían sido salvados milagrosamente y él era nuestro ministro de solteros.

Después que el programa había estado transmitiéndose por algunos días, yo pregunté ansioso: «¿Qué está diciendo la gente en sus cartas? ¿Cuál es la reacción al programa?»

«No sabemos, pastor», dijo David. «No hemos ido al correo».

«Entonces, sería bueno que vayan, y rápido», les dije.

Cuando Dave y Kent fueron al correo, se encontraron con que había unas cincuenta cartas.

«¡Mira esto!», dijeron, sonriendo, mientras abrían los sobres. Había peticiones de oración, testimonios de sanidad, gente recibiendo a Cristo, y algunos enviando cheques para ayudar con los gastos del programa. Al día siguiente volvieron con más, y lo que empezamos a recibir era emocionante.

St. Louis, Missouri: «Veo su programa todos los días. Puse mis manos sobre la pantalla del televisor y recibí la sanidad de un problema del estómago».

Port Arthur, Texas: «Estaba viendo su programa y el Señor le dio palabra de conocimiento que había una mujer llamada Alicia que había venido orando para ser liberada de la glotonería. Esa mujer era yo. Gloria a Dios estoy libre de la adicción a la comida».

Salt Lake City, Utah: «Fui sanada de bursitis y artritis mientras veía en casa su programa. Ahora puedo hacer cosas que por años no pude hacer. Usaba un andador y silla de ruedas... pero ya no los uso más. Si no hubiera sido por su ministerio en la televisión no sé qué habría sido de mí».

Bakersfield, California: «El Señor sanó mi úlcera mientras veía su programa de televisión. Soy nuevo en el Señor y nunca lo había visto antes. Usted se estaba preparando para orar por el enfermo. Mi úlcera me había venido causando muchos problemas. Cuando usted oró y mandó a salir fuera la «úlcera estomacal», fue mi úlcera la que salió. Estoy sano. ¡Gracias, Jesús!»

Evansville, Indiana: «Ayer, cuando usted pidio a la gente que aceptara a Cristo como su Salvador, oré con usted la «oración del pecador». «Sé que voy a recordar siempre este día como el más grande de mi vida».

Cuando empezaron a llegar cartas como estas, supe que Dios estaba confirmando su mandato. Construimos un estudio provisional en el piso lleno de cosas del Orlando Christian Center (más tarde llamado World Outreach Church) y empezamos a agregar estaciones de televisión a nuestra red.

Hoy, miramos hacia atrás y sonreímos recordando al empleado de correos que se rió de la idea que recibiríamos unas 1000 o más cartas diariamente. Gracias a Dios, sobrepasamos esa cifra.

Ahora, en una semana promedio recibimos de todas partes del mundo 20.000 a 30.000 piezas de correo, además de miles de llamadas telefónicas cada día.

CAPÍTULO 17

¡Montones de cajas y sus Biblias!

Las transmisiones diarias eran solo una parte de las instrucciones de Dios. Él también me llevó a comenzar campañas de milagros, primero en los Estados Unidos y de ahí a todo el mundo.

En marzo de 1990, el mismo mes que comenzó el nuevo programa de televisión, lanzamos nuestra primera cruzada de dos días en Phoenix, Arizona, en la Valley Cathedral con capacidad para cuatro mil personas sentadas. En los días previos a la inauguración de la cruzada, oré: «Señor, te estoy tomando la palabra. Estoy comenzando por fe. Por favor ayúdame a llenar este edificio para tu gloria».

Cuando llegamos al auditorio, no podía creer lo que veía. Había filas de personas en todas las puertas, esperando para entrar. Aquella noche hubo más de 8 mil personas y miles más no pudieron entrar al edificio. Después del servicio, pensé: *Bien, eso fue esta noche. Veremos qué ocurre mañana.*

A la mañana siguiente, empezamos lo que llegó a ser algo permanente en nuestras campañas: una mañana de oración con énfasis en la enseñanza. El servicio comenzó a las 10:00 a.m. A la 1:30 de la tarde, dije: «Debo parar. Es tiempo para que vayan a comer algo».

Un hombre en la primera fila se quejó: «¡Ustedes no se van a ir! Viajé miles de millas para recibir esta enseñanza y ustedes no se van a ir así como así».

Toda la audiencia respondió con una expresión de asentimiento. Desde aquella primera sesión matutina, supe que la gente estaba hambrienta de la Palabra de Dios. En el culto final una multitud aun más grande intentó entrar en el edificio.

Le dije a mi personal: «Parece que vamos a tener que buscar un lugar más grande para estas reuniones».

Dentro de poco, desde San Antonio a Charlotte a Long Beach, nuestras campañas estaban llenando algunos de los estadios y coliseos más grandes de los Estados Unidos.

¡ESTÁ EN CAMINO!

En casa, Suzanne se mantenía al cuidado de Jessica, de ocho años y de Natasha, de seis. Por supuesto, yo seguía anhelando un varoncito y sabía como lo llamaría: Joshua.

Años atrás, Oral Roberts me enseñó la importancia de sembrar y segar. Recuerdo que decía: «Cuando usted dé su ofrenda, espere la cosecha».

Cada domingo en nuestra iglesia, cuando el plato de la ofrenda pasaba ante mí, yo decía tan fuerte como para que se oyera: «Gracias, Señor, por mi Joshua». Para nadie era un secreto que quería ser padre de un niño.

En el verano de 1990, un domingo por la noche, justo antes de subir a la plataforma, Suzanne puso un par de pequeñas botitas sobre el púlpito. Atada a ellas había una nota que decía: «Joshua está en camino».

¡De esa manera supe que estaba embarazada!

Joshua Hinn nació el 23 de marzo de 1991.

Y había una sorpresa más. Al año siguiente, el 26 de junio de 1992, el Señor bendijo nuestro hogar con una hermosa niña, Eleasha.

EL EQUIPO SE AMPLÍA

Desde el comienzo de nuestras campañas, Dios me ha rodeado de un equipo increíble. El administrador era Charlie McCuen, una persona talentosa y esforzada que era parte del ministerio de visitación de nuestra iglesia. Yo vi su fervor por Dios y dije: «Señor, tú puedes usar ese celo en nuestras campañas». Aun cuando él nunca antes había hecho algo ni remotamente parecido, el Señor lo usó grandemente. Hoy, Donald Dean, un hombre talentoso y ungido, está haciendo el mismo trabajo. Donald y su esposa Joanne son una gran bendición para mí.

Nuestra segunda campaña tuvo lugar en Anaheim, California. Invité a un cantante de nombre Steve Brock para que fuera el solista. Lo había conocido antes, cuando estuve predicando en una campaña de avivamiento de dos días organizada por Trinity Broadcasting Network.

La primera noche en Anaheim, comencé cantando un himno y detrás de mí, Steve comenzó a armonizar. Desde el momento en que comenzamos a cantar ese dueto improvisado, sentí en mi espíritu que él sería parte de nuestro equipo. Al mes siguiente, llamé a Alvin Slaughter, un cantante que había sido de mucha inspiración a la congregación cuando vino a ministrar en nuestra iglesia. «Alvin, Steve Brock se acaba de incorporar a nuestro ministerio y siento que tú también necesitas ser parte de lo que Dios está haciendo en estos servicios».

Juntos, Steve Brock y Alvin Slaughter han tocado las vidas de millones de personas. Estoy convencido que hoy más que nunca músicos ungidos conducen al pueblo a la presencia del Señor.

En un tiempo cuando necesitaba desesperadamente ayuda administrativa, el Señor envió a un hombre llamado Gene Polino. Gene navegaba cuidadosamente por las aguas a veces traicioneras para llevarnos desde nuestros pequeños comienzos a donde estamos hoy día. Aunque ya no trabaja con nuestro ministerio, Dios le permitió dirigirnos en esa etapa crítica.

En el tiempo perfecto de Dios vino Joan Gieson a trabajar con el equipo de nuestra campaña de sanidad y lo hizo durante siete años.

Debido al crecimiento del ministerio, el Señor ha concedido que algunas personas muy especiales se agreguen a nuestro personal, incluyendo a Tim Lavender, nuestro jefe de operaciones, que había trabajado antes con la organización Promises Keepers. También se unió a nosotros Peter Ireland, nuestro jefe de finanzas. Estos hombres son cristianos maravillosos y una gran bendición para mí y este ministerio.

Además, Dios nos envió a Michael Ellison de la compañía Ellison Media, en Phoenix, Arizona, un valioso asesor; también a Dennis Brewer y a David Middlebrook, abogados cristianos de Dallas, y a Jim Guinn, uno de los más capaces contadores. Estos son algunos de los distinguidos profesionales en el mundo de los negocios que han llegado a ser mis dilectos amigos.

Otros que han desarrollado funciones de liderazgo incluyen a John Wilson, quien trabajó junto a nosotros por varios años, Kurt Kjellstrom, que llegó a ser un querido amigo de mi familia, Don Boss, que supervisa el audio en nuestras campañas, Sue Langford, en el ministerio de seguimiento, R. J. Larson, que dirige nuestro equipo de seguridad y Nancy Prichard, quien con gran talento ha manejado mi correspondencia personal y mi agenda. Doy gracias al Señor diariamente por estos leales y comprometidos hombres y mujeres.

El trabajo del Orlando Christian Center y nuestras campañas se han mantenido firmemente adelante gracias a los esfuerzos de personas como Mike Thomforde, Steve Hill, Larry Muriello y Ayub Fleming.

Sería imposible nombrar a todos los que por años han hecho que nuestro ministerio sea lo que es hoy día.

Kent Mattox, el joven que se unió al personal de nuestra iglesia en los años de 1980 llegó a ser una fuente de gran fortaleza para mí en nuestro ministerio. Dios no podía habernos enviado a alguien más adecuado que Kent. Él amaba la vida y sabía cuando yo necesita que me dieran ánimo. El Señor guió a

Kent a desarrollar su propio ministerio, pero siempre será mi querido amigo.

Otra persona, de un perfil no tan notorio como Kent, pero que fue vital en los primeros años de las campañas fue David Delgado, de la ciudad de Nueva York. Hijo de un predicador pentecostal puertorriqueño, Dave se convirtió de una vida de adicción a las drogas y llegó a ser mi asistente personal. Su lealtad fue incomparable y nuestro personal lo tenía en muy alta estima. Falleció prematuramente, víctima de hepatitis. Su deceso fue un misterio para su familia, nuestro personal y para mí mismo. Aunque después de su partida se informó de una recaída en el uso de drogas, conociendo a David como lo conocía y sabiendo cuan profundamente amaba a Dios, solo puedo dejar las circunstancias de su muerte en las manos del Señor.

A mediados de los noventa y por varios años, Ronn Haus fue un evangelista asociado en nuestro personal. He conocido a Ronn por mucho tiempo. Él fue quien me presentó al que sería en el futuro mi suegro, Roy Harthern. Ronn se unió a nosotros en un tiempo cuando yo necesitaba a mi lado un firme apoyo espiritual. Sigue estando muy cercano a mí en el ministerio.

También Dios ha sido generoso en permitir que distinguidos ministros del evangelio sean para mí una fuente de fortaleza espiritual, personas tales como Don George, pastor de la iglesia Templo Calvario, en Dallas, Texas; Tommy Barnett, pastor de la Primera Asamblea de Dios, en Phoenix, Arizona; Jack Hayford, pastor de la Iglesia en el Camino, de Van Nuys, California; Dan Betzer, pastor de la Primera Asamblea de Dios, de Ft. Myers, Florida; Ralph Wilkerson, fundador y ex pastor de la iglesia Centro Cristiano Melodyland, en Anaheim, California; y Fred Roberts, pastor de la iglesia Centro Cristiano Durban, en Sudáfrica.

También he recibido una importante influencia de dos hombres que ya están en la presencia del Señor. Poco después de mi conversión en Toronto empecé a asistir a estudios bíblicos dirigidos por el Dr. Winston I. Nunes, uno de los grandes maestros de nuestra generación y un gigante de la fe. Aun me maravillo de todo lo que aprendí de él en los albores de mi andar espiritual.

Otro hombre a quien honro cariñosamente es el Dr. Lester Sumrall, quien dejó su huella en el mundo. Seguimos trabajando con sus hijos que llevan la antorcha de la gran obra de su padre.

Estoy profundamente agradecido por lo que estos distinguidos siervos de Dios han significado para mí.

RIQUEZA ESPIRITUAL

Poco después de haber comenzado nuestras campañas mensuales de milagros, me sentí guiado a invitar a Rex Humbard, el notable evangelista y pionero de la televisión cristiana en los Estados Unidos para que fuera un predicador regular en las reuniones de los viernes en la mañana. Él es uno de los más grandes ganadores de almas en la historia de la evangelización. Rex y su esposa, Maude Amiee, fueron grandes amigos de Kathryn Kuhlman.

Suzanne y yo hemos tenido el honor de pasar tiempo con estos siervos de Dios humildes y generosos. Muchas veces, cuando he necesitado a alguien para compartir la carga de este ministerio, Rex siempre ha estado ahí. También agradezco a Dios por enviar a Oral y Evelyn Roberts a nuestras vidas muchos años atrás. El amor que han expresado a Suzanne y a mí ha sido abrumador.

Solo la eternidad revelará la riqueza espiritual que he recibido de Oral, y no hay hombre en la tierra que haya hecho un impacto más grande en mi vida. Muchas veces lo he dicho: «Lo amo como si fuera mi propio padre». También aprecio el tiempo que pasamos con su hijo y su nuera, Richard y Lindsey.

¡Qué tremendo regalo para este mundo ha sido la Universidad Oral Roberts! Él ya dejó su huella en la historia. Dios ha usado a Oral Roberts para poner un poderoso fundamento al ministerio de sanidad en este mundo. Millones de vidas han sido afectadas por este hombre. Y el impacto de su ministerio será sentido por generaciones. El doctorado honorario que me concedió la ORU tiene un significado especial por el hombre que le ha dado el nombre a esa institución.

«ESTO ES CASI IRREAL»

Desde el comienzo, el impacto de las campañas de sanidad que veníamos celebrando en las ciudades a través de los Estados Unidos fue a menudo más que espiritual. Por ejemplo, cuando en agosto de 1991 fuimos a Flint, Michigan, el *Flint Journal* informó en su primera página: «Vinieron de todo Michigan, y de Indiana, aun de Virginia y Tennessee y Nuevo Mexico. El jueves en la noche llegaron al estadio IMA de Flint de todos los rincones del país buscando un milagro». La nota periodística citaba al vocero del Departamento de Convenciones y Turismo diciendo: «Todos los hoteles, moteles y posadas del condado Genessee se llenaron el jueves y esta noche, en total unos 2.600 cuartos. Esto es casi increíble». Y el vocero siguió diciendo: «Los teléfonos no han dejado de sonar, y me han dicho que es peor en el estadio mismo». La nota de prensa decía, además: «El miércoles en la noche algunas personas levantaron sus tiendas de campaña en las afueras del estadio, con el propósito de poder ser los primeros de la fila y así tener acceso a los mejores asientos. Otros llegaron temprano el jueves por la mañana trayendo frazadas, sillas de acampar, bebidas refrigeradas, montones de cajas y sus Biblias».

Crónicas de prensa similares empezaron a escribirse en todos los lugares donde se llevaban a cabo las campañas.

MILAGROS BAJO LA LLUVIA

El mandato de Dios para mí incluía llevar el evangelio a las naciones del mundo y no solo una visita de entrada y salida a una ciudad extranjera. Nos preparamos para grandes campañas en estos países así como lo hicimos en los Estados Unidos, involucrando a iglesias locales y misioneros, con un coro de la campaña, obreros que atendieran a la gente que pasara al altar y un plan de seguimiento para los nuevos convertidos.

En la campaña en Manila, Filipinas, en febrero de 1992, el estadio Araneta se llenó, con miles más esperando afuera. Las noticias informaban que muchos llegaron a las cuatro de la mañana para esperar hasta la reunión de la noche.

Cuando posteriormente volvimos a Filipinas, 500.000 personas asistieron a la reunión de la primera noche.

A menudo, nuestros viajes al extranjero están acompañados de imprevistos. En 1994, en nuestra cruzada en el estadio de Huracán, en Buenos Aires, Argentina, la gente empezó a reunirse temprano en el día, pero empezó a llover y el diluvio no paró en toda la tarde. Las autoridades del estadio no autorizaron la reunión esa noche debido a la posibilidad de accidentes provocados por algún daño en el tendido eléctrico del estadio.

Esa noche, Dios trabajó en una forma poco usual. Se nos dio espacio en una de las más importantes estaciones de televisión para llevar a cabo un servicio de sanidad divina que se vería en toda la nación. La transmisión cubrió casi por completo a la Argentina, y alcanzó a otros tres países vecinos. Hubo milagros entre la gente que estaba en el estudio y empezaron a llegar los informes de sanidad entre los telespectadores. A la noche siguiente, los 100.000 asientos del estadio Huracán eran pocos. Miles tuvieron que permanecer de pie en el barro provocado por la lluvia y la gran cantidad de gente moviéndose en el estadio. Y así alababan y adoraban al Señor mientras el coro cantaba «Nada es imposible para Dios». A la mañana siguiente nueve mil pastores llenaron un estadio en el centro de la ciudad para oírme predicar el sermón «En el Reino de Dios no hay jubilación».

Hasta hoy estamos oyendo informes de iglesias que siguen experimentando avivamientos gracias a la bendición espiritual recibida de parte del Señor por los pastores que estuvieron en esa reunión. A Jesús pertenece toda la gloria.

LA AGRADABLE PRESENCIA DE DIOS

En las campañas tanto en los Estados Unidos como en otros países, nunca dejo de maravillarme ante la demostración del poder de Dios.

Una noche, en un servicio en Detroit, Michigan, la presencia del Señor fue tan impresionante que era posible oler su fragancia, una fragancia que permeaba el edificio de tal modo que miles dieron testimonio de haberla sentido. Estoy convencido que la presencia de Dios se intensifica cuando hay una unidad total de los creyentes en el servicio.

En Pretoria, Sudáfrica, miles sintieron un viento que empezó a soplar por la parte alta del edificio y corrió por toda la audiencia. En Bogotá, Colombia, la presencia del Espíritu Santo era tan evidente que el Señor me habló y me dijo: «En una hora voy a estar aquí». Miré mi reloj y vi que faltaban diez minutos para las ocho. De inmediato, dije a la multitud exactamente lo que el Señor me acababa de decir. Y continuamos con el servicio. Una hora después, diez para las nueve, el poder de la presencia de Dios golpeó el edificio con una fuerza de tal magnitud que la gente en ese auditorio circular empezó a caer desde afuera hacia adentro, todos en la misma dirección, como si una onda gigante los golpeara. Imagínese un círculo, luego otro círculo dentro del primero y un círculo más pequeño en el centro. Cuando el poder de Dios se manifestó, la gente cayó en perfecto orden dentro de esos círculos hasta que prácticamente cada persona en el edificio estaba en el piso.

Fue un tiempo de gran emoción y todo el mundo se sentía conmovido por la experiencia. Nunca había visto algo igual. Unos treinta minutos más tarde, en ese mismo servicio, el Señor me interrumpió de nuevo para decirme que tranquilizara a la gente. Me dijo: «Diles que si ponen atención, van a escuchar el canto de los ángeles». Eso fue exactamente lo que ocurrió.

HAMBRE POR UNCIÓN

Ha habido personas que me han preguntado: «Benny, ¿por qué piensa que su ministerio de las campañas de sanidad divina irrumpe en el escenario mundial con la misma fuerza de principios de los años noventa? Puedo mencionar varias razones. Siento que la gente empezó a asistir a nuestras reuniones en gran número porque estaban hambrientos de la unción de Dios, y querían estar en una atmósfera donde esta unción estuviera presente. En estas campañas no es extraño ver a cientos de ministros en el servicio matutino, llorando, conmovidos, buscando la unción del Espíritu Santo.

Ciertamente, el programa de televisión ayudó en las grandes campañas ya que día a día gente de todo el mundo pudo ver el poder de Dios en acción.

En 1990, me sentí inspirado a escribir un libro, *Buenos días, Espíritu Santo,* que fue publicado en español por la Editorial Unilit. Para sorpresa de todos los que estuvieron envueltos en el proyecto, incluyéndome a mí, el libro prácticamente fue arrebatado de los estantes de las librerías, no podían mantener una existencia adecuada. Durante dieciséis meses se mantuvo en los primeros lugares de ventas.

En los Estados Unidos se vendieron millones de ejemplares y a través de más de cuarenta traducciones a otros idiomas. La revista *Christianity Today* dijo que «es uno de los libros cristianos más vendidos de todos los tiempos».

Sam Moore, presidente de Thomas Nelson Publishers, y su hermano Chuck Moore, dos personas de origen libanés, han llegado a ser queridos amigos míos. A través de los años, han respaldado grandemente este ministerio.

¿TORCIMOS LAS ESCRITURAS?

Si *Buenos días, Espíritu Santo* ha logrado un relativo éxito. Como para no darle demasiada atención. Sin embargo, debido a su meteórico ascenso en el mundo de las publicaciones cristianas, las críticas han llovido. Ha habido quienes se han lanzado sobre el texto del libro como buitres, tratando de encontrar algo para picotear.

Una organización en particular, *Christian Research Institute* en Irvine, California ha objetado varias de las enseñanzas en el libro. Para la mayor parte de los observadores, sin embargo, el problema mayor era si los dones espirituales son para los cristianos del día de hoy, o no.

No tuve ningún problema en revisar algunos de los pasajes del libro para clarificar los conceptos; sin embargo, eso no significó que cambiara mi creencia sobre la obra del Espíritu Santo.

Hank Hanegraff, presidente del CRI me acusó de «torcer las Escrituras».

Cuando empezó a mencionar mi nombre en su programa de radio, sentí que sería importante que me reuniera con él y habláramos sobre algunos de los puntos que él objetaba. Nos reunimos en varias ocasiones.

Admito que ha habido ocasiones en que he dicho alguna cosa incorrecta. Debido a que estamos continuamente creciendo en el Señor, predicadores y laicos debemos estar abiertos a la corrección del Señor. Sin embargo, no creo que sea justo que cuando un ministro corrige su teología, o su punto de vista sobre algún asunto de las Escrituras, las críticas continúen sobre el mismo punto.

«NO SEAMOS INGENUOS»

Como nuestro ministerio tiene un perfil alto, estamos expuestos a las críticas de los medios de comunicación, y nosotros, sin duda, hemos tenido nuestra cuota. Hemos sido el blanco de informes investigativos de la televisión nacional. En cada caso, estos informes han ayudado al ministerio para que se fortalezca.

El Señor también ha abierto puertas permitiéndonos aparecer en programas tales como *Larry King Alive*, donde tuvimos una calurosa acogida. Muchos en los medios seculares han cubierto nuestro ministerio con justicia. En una ocasión le dije a un periodista: «He tenido muchísimo más dificultades con extremistas religiosos que creen que ellos son los mensajeros de Dios».

¿Cómo podría criticar a los medios si ellos han atraído a cientos de miles de personas a nuestras campañas para oír la Palabra? Muchas de estas personas han sido maravillosamente salvadas y sanadas en forma milagrosa. Gracias, Dios, porque todas las cosas ayudan para bien.

CAPÍTULO 18

LAS CAMPAÑAS VISTAS POR DENTRO

Algunas personas ven un cartel en un estadio donde se lee: «Campaña de milagros de Benny Hinn» y erróneamente piensan que yo tengo alguna especie de poder sanador especial. Lejos de eso. Lo que pasa en nuestras reuniones no tiene nada que ver conmigo, *sino con el poder sanador del Espíritu Santo que es para todos.*

Es la obra del Espíritu que trae sanidad, liberación y salvación.

¿Cómo me preparo para ser un instrumento del Señor? Los que conocen nuestro ministerio, especialmente los miembros del equipo de la campaña entienden perfectamente que literalmente tengo que separarme del mundo antes de subir a la plataforma.

Nuestras campañas típicas incluyen tres servicios: El jueves por la noche, el viernes por la mañana y el viernes por la noche. Comenzando a las 2 de la tarde del jueves, todo en mi vida cambia. Mis ayudantes más cercanos saben que no deben pasar llamadas telefónicas a mi oficina ni interrupciones de ninguna clase. Entonces es cuando me empiezo a preparar física, mental y espiritualmente para el primer servicio. Le pido a Dios su ayuda para estar listo en todos los aspectos. No quiero fallar en nada, y menos en lo espiritual.

Dios no puede usar un corazón que está distraído ni un cuerpo que esté exhausto. Yo procuro ser un vaso que Él pueda usar. Esa es la razón por qué no permito que nadie me perturbe, sin importar quién sea. Quizás más que ninguna otra persona, mi esposa e hijos entienden cabalmente y aprecian mi punto de vista en cuanto a estar bien preparado para el culto.

El viernes ocurre lo mismo. Nada de interrupciones. No permito que nada contamine mi mente, cuerpo y espíritu. Ni radio ni televisión, ni periódicos. Ninguna influencia externa.

¿Por qué es tan vital esto? Estoy plenamente consciente del hecho que miles de personas han hecho grandes sacrificios y a menudo han viajado largas distancias para asistir a estas reuniones. Muchos están sufriendo de enfermedades incurables, orando que quizás este sea el momento para su sanidad. ¿Podría yo hacer menos que estar totalmente preparado y rendido ante el Señor?

Hace muchos años que aprendí que de la única forma que podría tener un ministerio exitoso era encontrar personas que estuvieran ungidas en sus ministerios como yo en el mío. Entonces tengo que confiar en ellos en cuanto a los asuntos administrativos mientras yo me siento libre para concentrarme en mi ministerio. Si no puedo confiar en ellos, entonces es tiempo de que se vayan.

UN SENTIDO DE EXPECTACIÓN

Cualquiera que llegue temprano a nuestras campañas sentirá la presencia de la fe y la expectación. A menudo está lloviendo y aun no aclara cuando la gente empieza a hacer fila para una reunión que no empezará sino hasta doce o catorce horas después. Estas personas están hambrientas de Dios y por lo tanto, dispuestas a esperar lo que sea por alcanzar los mejores asientos.

Algunos vienen con bolsas llenas de bocadillos, libros y otras cosas que les ayuden a pasar el tiempo. Pasan el día haciendo amistad con los demás que están en la fila, hablando, leyendo, cantando, orando y esperando el momento cuando se abran las puertas.

Por el medio día, las líneas se habrán alargado considerablemente y la mayoría de la gente sabe lo que esperan todos los que le rodean. Están esperando milagros.

Adentro, unos setenta y cinco voluntarios clave (de una lista maestra de alrededor de doscientos) están en sus puestos. Son profesionales de todo el país que, pagando sus propios gastos, vienen a ayudar a nuestras campañas mensuales. Los voluntarios regulares coordinan las actividades de cientos de personas del lugar que vienen a ayudar, desde un ejército de acomodadores hasta los que ayudarán al equipo que entra en acción cuando las personas se sanan.

Cuando las puertas finalmente se abren y la gente corre en procura de asientos, el ruido de voces crea un rumor excitante a través de todo el edificio. El coro de la campaña ya está en su lugar y, mientras ensayan, muchos de los asistentes cantan con ellos desde sus asientos. La atmósfera parece cargada, y una unción de la presencia de Dios ha empezado ya a descender.

En el nivel principal, ministros del equipo de colaboradores animan a algún enfermo y comparten testimonios de sanidad. Mientras el coro sigue ensayando, los asientos se llenan rápidamente. Obreros voluntarios se mueven presurosos por aquí y por allá, terminando los preparativos para el servicio.

A las 7 de la noche se encienden las luces y el rumor de miles de voces se suaviza hasta casi el silencio mientras el maestro de ceremonia da la bienvenida a los miles que se han reunido para el servicio de milagros. Lentamente, luces azules envuelven la figura de Bruce Hughes sentado en el piano Steinway de 9 pies, mientras toca a la perfección uno de los himnos antiguos más queridos. Un arpegio final en el teclado anuncia el final del solo.

Aplausos entusiastas dan la bienvenida a Jim Cernero, nuestro director musical mientras toma su lugar ante las mil voces que forman el coro de la campaña. Las personas en el auditorio se ponen de pie mientras el coro canta: «Mi corazón entona la canción: ¡Cuán grande es Él! ¡Cuán grande es Él!»

La multitud es llevada a un punto de gloriosa alabanza y adoración.

No puedo empezar a describir lo que siento cuando subo a la plataforma en ese momento y continúo guiando a la audiencia en la adoración. Todo aquello por lo cual he orado, todo aquello para lo cual Dios ha preparado mi vida, parece envolverme en ese momento. ¡Y yo sé que el Espíritu Santo está por descender con gran poder!

Steve Brock y otros solistas especiales cantan las canciones preferidas de la campaña y el amor de Dios casi se puede palpar. Muchos rostros no ocultan las lágrimas mientras gentes de diferentes transfondos se solazan en la presencia de Dios. Las expresiones en sus rostros dicen a cualquier observador que Cristo Jesús es real, que Él los ama, y que está presente para tocarlos y satisfacer sus necesidades.

Cuando empiezo a predicar la Palabra de Dios, la fe crece.

En un punto del servicio, hago una invitación al altar: «Si usted quiere dar su corazón a Cristo, si quiere conocerlo como su Salvador y Señor, pase aquí al frente de modo que yo pueda orar por usted». Una emoción muy grande me sobrecoge cada vez al ver a las personas que pasan al frente formando una corriente impetuosa y llenando cada espacio disponible. Mientras el coro canta «Tal como soy», miles entregan sus vidas a Cristo. Dentro de unos momentos, mientras regresan a sus asientos, a menudo comienzo una hermosa canción de adoración y la multitud se une a mi canto.

«¡GRACIAS POR TU MISERICORDIA!»

El tiempo pasa rapidísimo y una vez más la adoración llena el lugar. Lo que solo unas pocas horas antes parecía imposible, ahora es posible. El Dios de milagros está aquí.

A menudo y repentinamente me siento lleno con una fogosa presencia que me envuelve y empiezo a orar con autoridad, reprendiendo a las enfermedades. «Si Dios lo ha tocado, póngase a mi izquierda o a mi derecha», pido. Muchos ya lo han hecho, ansiosos de testificar del poder sanador de Dios en sus vidas.

En un lado de la plataforma, un miembro de nuestro equipo de sanidad informa: «Pastor, esta señora ha venido desde Cincinnati, Ohio, creyendo que Dios la sanaría de cáncer. ¡Ya no tiene dolor!» En ese momento todo lo que puedo decir es: «Querido Jesús, gracias por tu misericordia». La audiencia irrumpe en aplausos en alabanza y gratitud por lo que Dios ha hecho.

Las personas vienen, una tras otra, para decir que han sido sanados por el poder de Dios. Cáncer, asma, problemas del corazón, diabetes, enfisema, alcoholismo, drogadicción y más. A menudo se sienten verdaderas explosiones de alegría en diversas partes del estadio. Son gritos de júbilo de la multitud por un nuevo milagro hecho por Dios. Cuando se ha cantado la última canción y la multitud empieza a dispersarse y a abandonar el auditorio, me cuesta abandonar la plataforma. Los rostros se ven radiantes, sonrientes, llenos de vida y de gozo. Es evidente que han experimentado la presencia de Dios en una manera que nunca pensaron que ocurriría. Yo oro porque gracias a esas experiencias, ellos nunca más vuelven a ser los mismos.

«CRUSADER 1»

Si usted va a la parte de atrás del escenario y pasa un corredor de cortinas negras, se encontrará con «Crusader 1» nuestra unidad móvil de producción de televisión. Dentro de este camión-acoplado de casi 17 metros de largo se acomoda el equipo de la más alta calidad para grabar en video cada detalle de lo que se va a ver en *This Is Your Day*.

Jeff Pittman, nuestro productor de televisión, es uno de los mejores en la industria. Es más, él se siente llamado divinamente a trabajar conmigo en la expansión del mensaje del evangelio. Hemos pasado cientos de horas juntos en todas partes del mundo y sé de la dedicación con que acomete su tarea. La meta de Jeff es registrar la unción en los servicios y ministrar a la necesidad de la persona, trátese de un creyente desalentado, un alcohólico que necesita liberación, una madre cuyo hijo se fue de la casa, o un esposo cuya esposa lo abandonó llevándose con ella a los niños.

Trabajan estrechamente con él los directores Truett Hancock y Gene Bailey y el veterano anunciador, Keith Curtis.

Jeff y yo analizamos cada aspecto del programa, desde un canto en particular que usaremos hasta el testimonio de alguien que ha sido sanado. Y antes de cada transmisión oramos para que los televidentes sean tocados por el poder de Dios. Cada vez que recibo una carta diciéndome: «Fui salvado viendo el programa» o «Fui sanado a través de su ministerio por televisión» sé que no fue por accidente. Para nuestro personal de televisión, su trabajo es un ministerio.

Hace poco dedicamos nuestro nuevo estudio para el Centro de Comunicaciones Mundial en Aliso Viejo, California. Nuestro equipo está a la altura de cualquier estudio en Los Ángeles o Nueva York, y todo es para la gloria de Dios.

Estoy convencido que debemos hablar de «paz a las naciones ... hasta los fines de la tierra» (Zacarías 9.10). Mi meta es de alguna manera alcanzar con el evangelio a cada hogar en cada país. Actualmente estamos llevando el mensaje del poder salvador y sanador de Dios a cada nación que nos lo permita.

Muchos gobiernos que por mucho tiempo han prohibido el mensaje cristiano ahora están siendo alcanzados por satélite.

Este medio excepcional de la televisión es parte del llamado de Dios para mi vida.

LA MISIÓN DE MAX

Estacionados al lado afuera de cada estadio donde está la campaña se pueden ver docenas de autobuses. Buses de iglesias, buses escolares, buses alquilados y buses de turismo. Para mucha gente, este es un ministerio en sí mismo.

Max Colver, de Indianapolis empezó a participar trayendo gente a nuestras reuniones después de ayudar a su anciana madre a salir de una muchedumbre en un estadio en Chicago al terminar una campaña que tuvimos allí en 1992. Al ver a la gente que brincaba para subir a los buses, Max se preocupó por garantizar que cada persona que llegara en bus tuviera asegurado un asiento en el estadio. Ese fue el comienzo de un ministerio excepcional.

El primer viaje que organizó fue a una campaña en Cincinnati unos pocos meses más tarde. Y al presente, ha acompañado a más de 1.200 personas a otras doce campañas. Además, Max empezó una iglesia en Indianapolis llamada La Palabra Viviente. Dice: «Nació de la unción que recibimos en las reuniones».

El pastor Colver y su esposa se preocupan en sacar la carga del viaje de los hombros de los ancianos y enfermos proveyéndoles seguridad y comodidad durante todo el tiempo de la campaña.

Empiezan por planear el viaje con dos o tres meses de anticipación. Luego alquilan los buses y los cuartos de hotel y cargan unos cien dólares por el paquete.

Lo que a Max le interesa son los resultados. Nos dice que muchas de las personas que viajan en los buses lo hacen esperando un milagro. «Muchos son personas limitadas físicamente y muchos reciben la sanidad», dice. «El largo viaje en bus nos permite crear y disfrutar de una atmósfera de fe. Nos mantenemos en foco. La primera cosa que digo cada mañana es: «¡Gloria a Dios! ¡Hoy el Señor hará un milagro en su vida!»

Durante el viaje incluso ven un video de uno de nuestros servicios. Y muchos milagros ocurren en los viajes en bus, tanto de ida como de regreso. «Íbamos a Nashville, y a medio camino oí un grito al final del bus. Alguien había sido sanado», dice Max: «Cuando vamos de regreso a Indianapolis, dejamos que la gente cuente sus testimonios. Y algunos son sanados mientras van de regreso a casa. Es maravilloso», agrega.

MÉDICOS EN EL MINISTERIO

Cuando iniciamos nuestra iglesia en Orlando, entre nuestros primeros miembros estaban el doctor Donald Colbert y su esposa Mary. Don es un médico de familia lleno del Espíritu, de Longwood, Florida. Es mi médico personal y también nos ayuda en las campañas.

En nuestras reuniones tenemos la ayuda de médicos para comprobar la veracidad de los milagros en aquellos que dicen haber sido sanados. Su trabajo es muy importante para nosotros. Debido a su preparación profesional, los médicos de las campañas están en condiciones de comprobar la sanidad de los que dicen haberla recibido por el poder de Dios. Así, confirman si efectivamente ocurrió el milagro antes de que una persona suba a la plataforma a dar su testimonio.

¿Por qué tenemos a médicos voluntarios participando en nuestras Campañas de Milagros? En este caso ellos ofrecen una perspectiva única del poder sanador milagroso de Cristo.

La Dra. Sydel Barnes, otro de nuestros médicos de las campañas, tiene su práctica en la ciudad de Tampa, Florida. Hace varios años ella asistió a una de nuestras campañas en Atlanta, Georgia, y dijo: «Como médico, fue una experiencia que sobrepasó todo lo que me pude haber imaginado que vería». Y añadió: «Recuerdo en particular a un niño con parálisis cerebral. Yo estaba sentada en una parte alta, lo que me permitía verlo desde arriba. Cuando alguien oró por el niño, vi al Espíritu de Dios descender sobre él. Empezó a correr, cuando antes no podía ni siquiera caminar. Me di cuenta en ese momento que aquello estaba más allá del conocimiento médico y de cualquier racionalización».

La Dra. Barnes estaba asombrada de lo que había presenciado en esa reunión. Empezó a orar: «Quisiera ser como uno de los discípulos que anduvo con Jesús. Quiero ser parte de estos milagros».

Hizo arreglos en su recargada agenda para servir como voluntaria en muchas de nuestras campañas.

El Dr. Daniel Gorduek empezó a ayudar en nuestras reuniones después de haber sido sanado de cáncer, milagrosamente, en una de nuestras campañas en Puerto Rico. En 1996 se le diagnosticó un agresivo cáncer de la próstata de un tipo agresivo que se había extendido a los huesos. No se le dio ninguna esperanza de vivir. Hoy día está libre del cáncer y es uno de los médicos voluntarios de nuestras campañas.

Voluntarios, equipos de televisión, ministerios de los buses, médicos de las campañas, todos son miembros clave de un grupo que está dedicado a alcanzar al mundo para Cristo.

CAPÍTULO 19

EL DON MÁS GRANDE

Era tarde en la noche y yo me encontraba descansando en casa, sentado en un confortable sillón con Joshua arrellanado en mis brazos. Esa misma tarde había regresado de una campaña en la costa oeste, y mi hijo, que por ese tiempo tendría cinco años, estaba feliz de tener a su papá en casa.

Del otro lado del pasillo venían los ruidos familiares que me indicaban que Jessica y Natasha se aprestaban a acostarse. Eleasha, nuestra hija menor, ya estaba durmiendo.

Con la casa en silencio, Joshua se arrimó más a mí. Cuando lo miré, me di cuenta que se había quedado dormido en mis brazos. Se veía tan lleno de paz que parecía angelical. Me mantuve sin moverme, pasando mi mano por su sedoso pelo café, disfrutando ese momento. Pensé: *¡Qué hermoso regalo me ha dado el Señor!* Dios me ha permitido atravesar el mundo, reunirme con líderes distinguidos de muchas naciones y hacer muchas cosas, pero todo eso empalidece en comparación con estos preciosos momentos que paso con mis hijos. Como padre, no hay nada que no haría por mi Jessica, mi Natasha, mi Joshua y mi Eleasha. Los amo.

Cada uno de mis hijos es especial, y Dios los ha hecho únicos en su individualidad.

JESSICA

Nuestra hija mayor, Jessica, ha crecido hasta convertirse en una jovencita confiada y amorosa. A veces, la molesto diciéndole que se parece a mí, y ella responde rápidamente con un pestañar de sus ojos oscuros: «Recuerda que yo también soy inglesa, como mamá».

Obviamente, debido al alto perfil de nuestro ministerio, nuestros hijos deben soportar una presión especial, pero eso no parece afectarles mucho. Cuando Jessica entró al primer año de secundaria en el Lake Mary High School, el periódico *Orlando Sentinel* escribió una nota periodística en la cual ella era el centro. Ella le dijo al periodista: «Yo no considero que viva con alguien famoso. Él es sencillamente mi papá». Y agregó: «Mi papá y yo nos parecemos mucho. Somos exactamente iguales».

Cuando Jessica cumplió dieciséis años, le regalé un teléfono celular. Había una razón para que le hiciera ese regalo. Como le dijo a una amiga: «Es asombroso. No importa el lugar del mundo donde mi papá esté, él siempre sabe la hora de mi toque de queda y sé que el teléfono va a sonar. Seguro. Es papá». ¡Gracias a Dios por la moderna tecnología!

Suzanne y yo nos emocionamos al ver la fuerza del carácter de Jessica y su compasión por los demás.

NATASHA

Nuestra segunda hija, Natasha, llena la casa con su vida y entusiasmo. Siempre está burbujeando. No le gusta estar ante los ojos de la gente, y cuando se da el caso, dice lo estrictamente necesario. Privadamente, sin embargo, no se le queda atrás a nadie. En el minuto que entro a la casa, doy por seguro que siempre me dará su opinión y me dirá exactamente lo que está pensando.

«Tasha», como le decimos, es extremadamente autodisciplinada. Es de aquellas que llega de la escuela y se pone inmediatamente a hacer sus tareas, terminando completamente antes de dedicarse a actividades de pasatiempo.

Desde que era pequeñita, Natasha ha tenido una pasión por las misiones y ha hablado de niños a los que le gustaría ayudar en países lejanos. Brincó de alegría ante la oportunidad de viajar a Zambia y a México, no para asistir a nuestras campañas, sino para trabajar y ministrar con otros jóvenes que participarían en viajes organizados por la iglesia que mi hermano Sammy pastorea en Orlando.

JOSHUA

¿Joshua? Bueno, él es un niño. Háblenle de deportes, y ahí está él listo para arremeter: básquetbol, fútbol, soccer, karate y especialmente hockey. Quedé asombrado la primera vez que lo vi desplazarse a gran velocidad por el piso de un gimnasio jugando hockey.

Mi Joshua está siempre lleno de sorpresas y yo nunca estoy seguro qué esperar de él. Definitivamente no tiene nada de tímido cuando lo invito a estar conmigo en la plataforma. Desde que tenía tres o cuatro años trataba de hacerse del micrófono y decir, «hola» o pedir que le dejaran cantar una canción. Su «hola» es lo más seguro. Recuerdo una ocasión en que lo llevé conmigo a la plataforma en una campaña en diciembre y él insistió en cantar una canción de Navidad. «¿Qué te gustaría cantar?», le pregunté.

«Correteando por la nieve», me dijo.

Como estábamos en una Campaña de Milagros, esperaba que elegiría por lo menos «Noche de paz» o «Allá en el pesebre», pero no. Él quería cantar «Correteando por la nieve», de modo que eso fue, exactamente, lo que la gente oyó aquella noche.

Mi corazón está lleno de expectación por el futuro de Joshua.

ELEASHA

Nuestra hija menor es Eleasha, la «bebé» de la familia, aunque está creciendo rápidamente. ¡Qué dulce es ella! A su alrededor siempre hay paz y gozo. Mi esposa, Suzanne y yo difícilmente recordamos alguna ocasión en que haya llorado por alguna razón. Sin importar las circunstancias, podemos contar con que Eleasha será feliz.

Aun desde su primera infancia, cuando era el momento de dormir, se metía a la cama, cerraba sus ojitos y ¡ya! Ni una protesta, ni una lágrima, ni una demora, solo «noche, noche».

Ella está feliz si juega sola o con otros niños. Pareciera que no hay mucha diferencia. Muchas noches la encuentro en su cuarto absorta en un libro o pintando.

Eleasha también se siente en casa tomando clases de ballet, de karate o cantando en la plataforma con su hermano, Joshua. Ama todo, especialmente a su hermano. Son inseparables.

ABRAZOS, BESOS Y TARJETAS

Hace poco alguien me preguntó: «¿Cuál ha sido el mejor regalo de Navidad que ha recibido de sus hijos?»

No tuve que pensar mucho para responder. Cada Navidad y en nuestros cumpleaños, Suzanne y yo recibimos una tarjeta especial de cada uno de nuestros hijos. El mensaje no es algo que hayan comprado en la tienda, sino palabras que han escrito desde sus corazones. Más de una vez las lágrimas han corrido por mis mejillas al leer: «Feliz Navidad al más grande papá en todo el ancho mundo», o «Te amo en tu cumpleaños y cada día del año».

Abrazos, besos y tarjetas, estos son los regalos que siempre atesoraré. Algunas personas se sorprenden cuando pasan por primera vez tiempo con nuestros hijos. Un ministro amigo me comentó: «¡Quedé impresionado! Son todos tan *normales*, con los pies bien puestos en la tierra».

Yo me reí y le dije: «¿Si no fueran así, cómo se supone que sean?»

Ellos son niños típicos, activos, cada uno con su propio temperamento. Joshua y Jessica tienen una voluntad más fuerte y son más decididos, mientras que Natasha y Eleasha tienen personalidades más tranquilas y pasivas. Damos gracias a Dios que los cuatro son niños amorosos.

DECISIONES, DECISIONES

Al comienzo de nuestro matrimonio, Suzanne y yo tomamos una decisión que cuando fuéramos padres daríamos a nuestros hijos el amor, la seguridad y la disciplina que necesitaran pero que no los aislaríamos del mundo real. Por ejemplo, en los grados inferiores nuestros hijos han ido a escuelas cristianas privadas. En la secundaria, sin embargo, Jessica y Natasha han ido a escuelas públicas y su fe y compromiso cristiano se han mantenido firmes. Nos hemos sentido especialmente complacidos con la aceptación que nuestros hijos han recibido en las escuelas públicas.

Claro, ha habido ocasiones cuando otros niños se han reído de ellos, por ejemplo, haciendo chiste de la gente que cae al piso bajo el poder de Dios. Es interesante notar, sin embargo, que tales cosas han ocurrido en instituciones cristianas, no en escuelas públicas.

Nuestros hijos no son perfectos. Como jóvenes, han experimentado los típicos conflictos de la adolescencia, pero Dios ha sido fiel, y estamos muy orgullosos de la forma en que dirigen sus vidas.

Como padres, hemos tratado de darles ciertos principios y los hemos dejado ser niños; aprender de sus errores y dejarlos que crezcan. Suzanne creció como una «hija de predicador» y su madre le dijo: «No espero que seas la mejor niña de la iglesia, pero por favor, no seas la peor». Nosotros hemos criado a nuestros hijos con la misma filosofía.

Unos de los grandes dilemas que he enfrentado ha sido tratar de obedecer el llamado de Dios en mi vida para un ministerio mundial y ser un esposo y padre responsable.

Ha habido unas cuantas noches de insomnio cuando Suzanne se ha sentido como si estuviera criando a los hijos sola, y a veces ha parecido caer rendida por el peso de la carga. Más de una vez ella se ha afirmado en la promesa de la Palabra que Dios «sería un esposo para mí y un padre para mis hijos». El Señor nunca ha fallado.

En un capítulo anterior me referí al tiempo cuando Suzanne y yo nos casamos y viajábamos juntos a todas nuestras reuniones. Ella es una mujer de oración y obedece la voz del Señor.

Cuando nació Jessica, me dijo: «Benny, sé que quieres que esté contigo en las reuniones, pero siento que Dios me quiere aquí, en casa, dando a Jessica toda mi atención». Ella tomó esto como su llamado. Luego vinieron Natasha, Joshua y Eleasha, y nunca ha vacilado en su convicción de ser una ancla firme para nuestra familia. Agradezco cada día a Dios por su dedicación y cuidado que ha sido de bendición a Suzanne y a nuestro hogar.

Ahora, con nuestros hijos mayores llegando a la edad de adultos jóvenes, Suzanne está involucrándose más en nuestro ministerio público, aunque sigue creyendo que nuestros hijos y yo somos su prioridad número uno. Como dice a menudo: «El ministerio comienza en el hogar».

OCURRIÓ EN LA LAGUNA

Nunca podría empezar a contar las horas que hemos pasado sobre nuestras rodillas orando por cada uno de nuestros hijos.

«Señor, te entrego a Jessica», he orado. «Protégela de algún daño. Haz que siempre te ame».

«Y ahora Natasha, Señor. Sosténla en tus brazos de amor, y nunca dejes que se vaya de ti».

Luego habría de orar por Joshua: «Dios, haz que llegue a ser un hombre de justicia, y un valiente guerrero tuyo».

«Y Eleasha, Señor. Entrego a esta preciosa criatura a tu cuidado. Nunca permitas que se extravíe de ti».

En los años que han pasado tan rápido, me he mantenido en la plataforma del mundo y he orado la oración de fe en favor de millones de personas. Desde Singapur a Sudáfrica, familias enteras han recibido la unción de Dios y han sido tocadas por su poder. ¿Pero qué puedo decir de mi familia? ¿De mis hijos? He orado que ellos también experimenten la realidad del Espíritu Santo. A una edad temprana, ellos han pedido al Señor que venga a sus corazones, pero yo deseo que experimenten todo lo que Dios tiene para ellos.

El 8 de octubre de 1998 en Anaheim, California, estábamos celebrando una campaña en un gimnasio conocido como «La Laguna». Por mucho tiempo, yo había llevado a cabo reuniones en el sur de California, pero aquella noche el Espíritu de Dios fue como un fuego. La gente podía sentir la unción derramándose por todo el edificio.

Yo miré hacia donde estaban Suzanne y nuestros cuatro preciosos hijos, quienes habían volado desde Orlando para estar conmigo. Mientras la gente adoraba en el Espíritu, yo oraba: «Señor, toca a mis hijos esta noche. Que ellos también conozcan tu poder».

Durante este tiempo, precisamente, Jessica, que ya había comenzado su primer año en la secundaria, venía pasando por los típicos ajustes de la adolescencia, lo que a nosotros como padres nos preocupaba.

Aquella noche me sentí inspirado a pedir a mis hijos que vinieran a la plataforma. Quería presentarlos a la audiencia. Sin embargo, Dios tenía algo más en mente. En el momento que ellos se acercaron a mí en el centro de la plataforma, la unción era tan fuerrte que cuando me volví, vi que los cuatro habían caído al piso. Allí estaban Jessica, Natasha, Joshua y Eleasha, derribados en el Espíritu por el poder de Dios. Era algo muy hermoso y yo empecé a llorar delante del Señor. Cuando algo como eso ocurre a los hijos propios, es un sentimiento indescriptible.

Esa noche, Dios hizo un maravilloso trabajo. Cuando regresaron a Orlando, su testimonio cristiano adquirió una fuerza que nunca antes habíamos visto y los efectos de aquella reunión siguen siendo evidentes hasta hoy.

La historia de mis hijos todavía está por escribirse. Solo puedo orar que cada capítulo esté lleno de fe, esperanza y amor.

CAPÍTULO 20

SE CUMPLE UNA MILAGROSA PROFECÍA

A finales de los años setenta, hablé en Dallas, en el instituto de entrenamiento ministerial, Cristo para todas las Naciones. Cuando hube terminado, dejé la plataforma acompañado por el director del ministerio, la señora Frieda Lindsay, una bella amiga y esposa del fundador del CPN, el ya fallecido Gordon Lindsay. Me di cuenta que nos seguía un hombre de cabello cano.

«¡Joven! ¡Joven!», me dijo, con una voz enfática.

Cuando miré hacia atrás, el hombre comenzó a profetizar. «Así ha dicho el Señor», dijo: «Llegará el día cuando estarás predicando mi evangelio en el mundo árabe».

Miré a la señora Lindsay y, con tranquilidad, le pregunté: «¿Ese hombre está loco?» Ella no respondió, así que continué: «No hay forma que me vayan a autorizar para predicar en el mundo árabe aunque lo intentara. Mi pasaporte dice: «Nacido en Israel».

La señora Lindsay se volvió a mí y con rostro que parecía saber lo que estaba ocurriendo, me dijo: «Este hombre nunca se ha equivocado». Y se olvidó del asunto.

QUE SE VAYA EL AVIÓN

Poco tiempo después, me encontraba en el aeropuerto de Ottawa, Canadá, con Harald Bredesen, quien tenía que tomar un avión para otra ciudad. Bredesen es uno de los siervos elegidos de Dios, un ex ministro luterano creador del término «renovación carismática».

Estábamos en el restaurante del aeropuerto y la empleada acababa de tomarnos la orden. Yo le pregunté a Harald: «¿A qué hora sale tu avión?» Él miró su reloj y se dio cuenta que el vuelo salía en diez minutos. Agarramos sus dos grandes maletas y corrimos a la puerta de embarque cuando oímos que nos decían:, «Tienen que *chequear* primero». Una vez que hubimos cumplido con este trámite, Harald corrió nuevamente a la puerta de embarque. A medio camino, se detuvo, se volvió y me dijo: «Pero Benny, el problema es que todavía no he terminado de hablar contigo». Acto seguido, con toda calma, dio la espalda a su avión y dejó que se fuera.

Nos instalamos tranquilamente en la terminal, como si él hubiese tenido todo el tiempo del mundo. Puso sus manos sobre mis hombros y empezó a hablar: «Benny, Dios me ha dado una palabra para ti».

«Estoy listo para recibirla», le contesté, con curiosidad.

«Dios me ha dicho que te va a usar para alcanzar al mundo árabe, empezando con los más altos dirigentes del estado». Y agregó: «Vas a predicar por todo el Medio Oriente».

Miré por la ventana precisamente en el momento que el avión de Harald despegaba, llevándose sus maletas. Pero eso no parecía preocuparle en lo más mínimo. «No te preocupes», me dijo. «En el próximo vuelo me encontraré con ellas; por ahora, necesitaba que escucharas lo que te he dicho».

Solo unos pocos minutos más tarde, el 27 de marzo de 1979, el titular de primera página del «Jerusalén Post» decía: «Israel y Egipto firman un tratado de paz poniendo fin a 30 años de un estado de guerra». Era el primer tratado de paz firmado por Israel con un estado árabe vecino y el cumplimiento de Isaías 19.

ES EN MI SANGRE

Muchas veces me han preguntado: «Benny, ¿cuáles son tus sueños? ¿Tus metas? Si hubiera algo que pudieras alcanzar y que tuviera para ti un significado especial, ¿qué sería?»

Desde que fui llamado a ministrar he tenido un deseo ardiente de llevar el mensaje de Jesucristo y el poder del Espíritu Santo a mi tierra natal, y a las naciones del Medio Oriente. Aunque he vivido lejos de sus playas, todavía siento la arena del Mediterráneo bajo mis pies. Jope sigue estando en mi sangre, y cada semana me doy tiempo para leer la edición internacional del *Jerusalén Post*.

En diferentes formas muy especiales, la profecía dada por aquel hombre en Dallas y por Harald Bredesen ha empezado a desplegarse.

A través de «*La voz de esperanza*» una estación de televisión fundada por George Otis en Líbano, y ahora propiedad de y operada por la CBN y a través de satélite, nuestro ministerio ha levantado una grande y leal audiencia en Israel y varias naciones árabes circundantes. Recibimos cartas de televidentes en Siria, Jordania y Egipto, diciendo: «Mi vida ha sido transformada». Viajeros que se han hospedado en los hoteles de Jerusalén ven en la televisión por cable «*This Is Your Day*», que también se ve en hogares por toda la nación. Como resultado, cuando he tenido reuniones en Israel, miles vienen a ver el poder de Dios.

Creo que es providencial que yo haya nacido en la tierra de la Biblia. Tanto en los mundos judío como árabe somos recibidos con los brazos abiertos por la gente y muchos gobiernos.

Me gusta cuando la gente de la región, al ver mi tes color oliva, me dice: «Usted se ve como uno de nosotros». Me siento orgulloso de esto.

UNA INVITACIÓN REAL

En 1997, antes de su muerte, tuve el honor de reunirme privadamente con Su Majestad, el rey Hussein, de Jordania. Nuestra conversación giró en torno a los procesos y perspectivas de paz en el Medio Oriente y en la pasión de su corazón: El cuidado y ayuda a los niños en su país. Más tarde, habríamos de ver de primera mano el compromiso del rey Hussein con los huérfanos de su nación.

Tanto el rey como su primogénito, el príncipe Abdullah (quien ahora es el rey de Jordania) saludaron a nuestra audiencia de la televisión y nos extendieron una invitación personal para que visitáramos Jordania.

Durante dos décadas hemos llevado a miles de ministros y amigos a Israel, llenando hasta seis aviones 747 en un solo viaje.Y ahora teníamos una invitación para llevar un gran grupo a Jordania.

El ministro de turismo de esa nación asistió a nuestra campaña en Nashville, Tennessee y dirigió un mensaje a la audiencia sobre la importancia de que árabes y judíos aprendan a vivir armoniosamente.

DÍAS AGITADOS EN AMMÁN

Ammán, en Jordania, es bastante diferente al exhuberante verde y a menudo sofocante clima de Orlando, Florida. Desde la ventana del hotel me extasiaba viendo el cielo azul brillante, sin una nube a la vista. El aire era seco. Los días eran calientes, y las noches traían un poco de alivio. Los edificios blancos se aglomeraban uno al lado del otro extendiéndose hasta los bajos cerros que se veían a la distancia. El color predominante era el café, en los más variados tonos, interrumpidos ocasionalmente por el polvoriento verde de una vegetación achaparrada. La invitación del rey Hussein de ir a su país y el permiso para ministrar libremente era ahora una realidad. Corría el mes de septiembre de 1998.

Más de dos mil personas habían viajado con nosotros en avión hasta Israel, y la mayoría extendió el viaje para incluir estos días agitados en Jordania. Esta es la tierra en la cual anduvieron Moisés, Elías, Eliseo y muchas otras figuras bíblicas. Guías oficiales nos llevaron al Monte Nebo, el lugar desde el cual Dios mostró a Moisés, poco antes de su muerte, la tierra prometida, y del recién descubierto lugar desde el que Elías ascendió al cielo. También visitamos la tumba de Aarón, cerca de la histórica Petra.

Fuimos llevados a visitar una antigua residencia del rey Hussein, un hermoso palacio que él destinó a orfanatorio. Hasta su muerte, el rey estuvo en contacto, casi diariamente, con estos niños necesitados. Los conocía por sus nombres y se preocupaba por su futuro.

En Ammán nos reunimos con la princesa Rania (ahora reina de Jordania) para hacerle entrega de 1.200 cajas de artículos médicos y quirúrgicos y 45.000 libras de alimentos secos variados, que incluía harina, frijoles y papas. La distribución de los alimentos se hizo en un esfuerzo combinado entre nuestro ministerio y LeSea, el trabajo iniciado por el ya fallecido Dr. Lester Sumrall. La princesa Rania coordinó el esfuerzo a través de la familia real y personalmente nos ayudó en la distribución de los alimentos a los jordanos menos privilegiados.

EL DOBLADILLO DEL MANTO

«Hemos hecho arreglos para que use el Palacio de la Cultura», me informó un funcionario del gobierno. El edificio con cuatro mil asientos es el auditorio más grande de Ammán, un impresionante lugar de reuniones reservado para acontecimientos especiales y personajes invitados. Ahora, con motivo de nuestra reunión, se abriría al público. Se me dijo que no exagerara la importancia de esta invitación.

Fue algo increíble. Cuando era un niño en Jope, jamás pensé ni por un segundo que algún día entraría a un país árabe. Y ahora me encontraba en la capital de Jordania, predicando no solo como invitado del gobierno, sino protegido por los soldados nacionales. ¡Asombroso!

El edificio estaba lleno a toda su capacidad, y los funcionarios de Su Majestad estaban allí para dar la bienvenida a nuestro personal. Gracias a la presencia de nuestro programa de televisión en el área, la gente vino de diversos países árabes: Líbano, Egipto, Siria e Irak.

Todavía puedo comunicarme bastante bien en árabe, pero para este servicio usamos un intérprete de modo que yo me sintiera libre para ministrar como lo he hecho siempre. Mi mensaje esa noche fue sobre la mujer que tocó el dobladillo del manto de Jesús. Y le dije a la gente: «Si usted se esfuerza y lo toca, también puede ser salvo y sanado».

En los rostros a través del auditorio podía ver el hambre por la Palabra de Dios. Y entonces, cuando guié a la gente en alabanza y adoración, empezaron a ocurrir los milagros y la gente a dar testimonio de lo que Dios estaba haciendo.

Yo no cambié mi mensaje solo porque estaba en otra cultura. Sin vacilación alguna, invité a la gente a aceptar a Cristo en sus corazones para que llegara a ser su Salvador personal. De todas partes del edificio pasaron al frente. Me costaba creer lo que estaba viendo. Pensaba: *¿Es realmente verdad que estoy predicando el evangelio en un país árabe? ¿Está ocurriendo esto realmente?*

Pedí a la gente que repitiera conmigo, en árabe: «Señor Jesús, soy un pecador. Perdona mis pecados. Ven a mi corazón. Te doy mi vida. Me entrego por completo a ti. Lávame en tu sangre. Límpiame, querido Jesús. Lléname con tu Espíritu. Ven y toca mi vida ahora mismo. Amén».

El Señor me ha permitido regresar a esta tierra destrozada por la guerra y pasar por las puertas que solo Él pudo abrir.

El tiempo de Dios para el Medio Oriente sigue desenvolviéndose. Por las invitaciones que seguimos recibiendo de los dirigentes gubernamentales en la región, creo que todas las naciones se van a encontrar con el Príncipe de Paz.

Mientras escribo este libro, el Señor ya me ha abierto las puertas para ministrar en ocho naciones árabes.

El trabajo apenas ha comenzado.

CAPÍTULO 21

UN TOQUE TRANSFORMADOR

En 1972, casi simultáneamente con mi conversión, Dios me dijo que yo iba a predicar el evangelio y que llevaría a la gente a la cruz de su querido Hijo. Que esa sería mi principal responsabilidad.

Ahora, después de veinticinco años de ministerio, estoy poniendo más atención que nunca a ganar almas. Aunque siempre he estado centrado en el mensaje de salvación, el Señor ha impreso en mí la necesidad de un énfasis aun mayor. La más maravillosa cosecha de almas que jamás hayamos visto ocurrió cuando estuvimos en Trinidad, Jamaica, Nueva Guinea, Hungría, Ucrania y Guyana.

Viajamos a Papúa, Nueva Guinea, atendiendo a una invitación oficial que nos hiciera el primer ministro. Bill Skate, quien personalmente me pidió que fuera a predicar a su país. ¡Qué tiempo más maravilloso fue el que vivimos allí! Más de 300.000 personas asistieron diariamente a los cultos. Recibí una invitación para hablar en un desayuno especial de oración en el Parlamento y orar por los líderes de la nación. La primera página del periódico nacional informaba sobre la campaña bajo el título: «El poder de la fe».

Es imposible describir cómo me sentí cuando el primer ministro Skate se paró ante la numerosa concurrencia y dijo: «El primer ministro de esta nación no es otro que Cristo Jesús».

Aun más importante: *Una nación entera fue tocada por el poder maravilloso del Espíritu Santo*. Todavía alabo a Dios por aquella experiencia.

Pocas semanas más tarde, en Jamaica, a un solo servicio asistieron más de 200.000 personas. Las autoridades del gobierno nos dijeron que era la concentración de personas más grande en toda la historia de la nación. Luego, en Kiev, Ucrania, cuando hice la invitación, la gente pasó adelante como una avalancha que surgía de todos los puntos de un estadio de fútbol repleto, incluyendo a algunos que habían seguido todo el servicio subidos a los árboles. Eran como el Zaqueo de antaño, quien se bajó de un árbol sicómoro para reunirse con Jesús.

Yo alabé a Dios y dije: «Gracias, Señor, por el más grande derramamiento en estos veinticinco años de ministerio».

Solo en esas campañas internacionales más de 350.000 personas aceptaron públicamente a Cristo como su Salvador, y aun más a través de nuestro programa diario de televisión: *This Is Your Day* y las campañas en los Estados Unidos. De nuevo, a nuestro maravilloso Señor Jesús pertenece toda la gloria.

POR TODOS LOS MEDIOS

El 4 de diciembre de 1998, rodeado por pioneros de la televisión cristiana y notables ministros de todo el mundo, dedicamos nuestro nuevo Centro de Comunicación Mundial en Aliso Viejo, California. Desde este «Estado de las artes» nuestros estudios están en condiciones de expandir nuestro alcance global por la televisión.

¿Por qué estoy tan empeñado en alcanzar a los perdidos a través de todos los medios posibles? Jesús dijo: «Y será predicado este evangelio del reino en todo el mundo, para testimonio a todas las naciones; y entonces vendrá el fin» (Mateo 24.14).

Además de la televisión y la palabra impresa, nuestros colaboradores alrededor del mundo nos han facilitado el tocar las vidas de los necesitados ayudando a miles de huérfanos sobre la base de un servicio permanente.

Agradezco al Señor diariamente por nuestros colaboradores. Sin ellos, estas cosas no habrían sido posibles y yo sé que un día el Señor mismo premiará a cada uno de ellos. Estas queridas personas han dado sacrificialmente, y continúan dando para ver almas salvadas, cuerpos sanados y multitudes liberadas del poder del enemigo.

Cuando comencé este ministerio, después de grandes visitaciones que recibí del Señor, me preguntaba cómo se las arreglaría Dios para hacer realidad la visión. Ahora lo sé. Lo está haciendo mediante su pueblo maravilloso. Y a cada colaborador que lea este libro, le digo de lo profundo de mi corazón: «¡Gracias, mi hermano! ¡Gracias! ¡Muchas gracias!»

UNA NUEVA ERA

En un capítulo anterior expliqué la importancia del apartado postal 90 en Orlando. A su tiempo, Dios habló a mi corazón que esa sería nuestra dirección para la década de los noventa, hasta 1999, pero que después cambiaría. Durante la década pasada Dios bendijo nuestro ministerio más allá de toda expectativa y nuestra sede en Orlando estuvo a reventar. Los trabajadores estaban esparcidos por toda la propiedad. Después de observar esa situación estaba claro que habíamos crecido más allá de lo que nos permitían los límites físicos.

Estábamos considerando la posibilidad de sacar de allí partes de nuestro ministerio e instalar a algunas personas en otros lugares. Yo sabía que permanecer allí terminaría sofocándonos y hasta limitando nuestro crecimiento. «Señor, ¿me estás hablando?», le pregunté.

A través de los años, Dios me ha dirigido con luces rojas y verdes, nunca amarillas. Su liderazgo ha sido siempre bien claro. Tres años atrás mi esposa, Suzanne me sorprendió al decirme: «Benny, el Señor me ha dicho que la sede de nuestro ministerio se mudará a Dallas, Texas».

«¿Dallas?», le respondí, asombrado. «Bueno, si Dios está en realidad hablándote, por favor dile que también me hable a mí». Y nos olvidamos del asunto.

Un año después, ocurrió algo parecido. El Señor me habló sobre mudar nuestra familia al sur de California, donde tienen su sede nuestro estudio de televisión y el centro de comunicaciones. Cuando compartí esto con Suzanne, ella me dijo: «Bien. Si esto es importante, el Señor nos hablará a los *dos*».

En el verano de 1999, la dirección del Señor se hizo clara como el cristal a Suzanne y a mí. Había luz verde. La familia se mudó a California y anunciamos que la sede del ministerio se reubicaría en Dallas.

LA DECISIÓN CORRECTA

Me habría gustado que usted hubiera estado presente en la reunión de nuestra junta de directores cuando tratamos acerca de lo que estaba ocurriendo. Nunca he visto tal entusiasmo y creatividad. Hubo también una poderosa presencia del Señor cuando reiteramos nuestro compromiso de alcanzar el mundo para Cristo. Era obvio que estábamos en la dirección correcta al llevar a cabo lo que Dios nos había llamado a hacer.

Nuestros contadores, después de un análisis cuidadoso de la situación, expresaron: «Esto es una buena mayordomía. La reubicación en Dallas nos permitirá economizar en los próximos años millones de dólares».

Esta ubicación en el centro de los Estados Unidos, con un aeropuerto de primera importancia reducirá considerablemente los costos de viajes y permitirá a nuestra gente llegar con más facilidad a cualquier parte del mundo. Además, el área de Metroplex tiene los recursos que necesitamos para ampliar nuestro alcance y nos permitirá usar la moderna tecnología para alcanzar a los perdidos y a la gente que sufre alrededor del globo.

Durante bastante tiempo hemos venido usando los servicios de una firma importante de contabilidad en Dallas. Ahora, solo tendrán que conducir una pequeña distancia, en lugar de altos costos por vuelos y hospedaje de antes. Por sobre todo esto, la firma que usamos para las cuestiones legales tiene también su sede en Dallas.

Nos encontramos entrando en el segundo cuarto de siglo de ministerio con una visión más ancha que un océano. En Dallas estamos construyendo un Centro de Sanidad Mundial y la sede del Compañerismo Internacional. Está diseñado en el estilo arquitectónico del mundo antiguo y terminado con un fundamento de piedra similar a los que se han encontrado en la Tierra Santa. Será sin duda un lugar hermoso que inspirará a todos los que quieran visitar un sitio de esperanza y sanidad. El Centro de Sanidad Mundial y la sede del Compañerismo Internacional incluyen:

Los jardines de sanidad, un lugar de belleza y tranquilidad especial donde la fe podrá ser fortalecida en medio de árboles, plantas, fuentes y corrientes de agua. Al andar por los senderos del jardín se podrán oír relatos de milagros bíblicos tanto del Antiguo Testamento como del Nuevo y en lugares especiales habrá estatuas de bronce de tamaño natural representando tales milagros.

La corriente sanadora, que fluirá a través de los jardines y que representará la corriente sanadora que fluye de nuestro Señor. Este será un bello arroyuelo que se origina en la Fuente de Sanidad. En el recorrido por los jardines los visitantes encontrarán lugares donde sentarse y disfrutar de la presencia del Señor.

La fuente sanadora, un lugar donde la gente podrá recordar, a través de pasajes bíblicos escritos en cada fuente, el poder milagroso de Dios.

La catedral de sanidad del pueblo, la aguja en lo alto del techo, la piedra exterior y las ventanas con vidrios de colores ayudarán a crear un ambiente inolvidable para los servicios especiales de oración y sanidad, ambos en áreas privadas de la catedral, diseñados para ministerio personal.

El Centro de Compañerismo Internacional, donde los visitantes podrán ver los diferentes medios por los que se proyecta el ministerio. Habrá pantallas en diferentes lugares en las que, mediante el uso de medios audiovisuales la gente podrá ver y «ser parte de» los servicios de las campañas y esfuerzos internacionales.

El salón de la fe, donde se honrarán ministerios de milagros y evangelistas del pasado y del presente. Este salón será un testimonio viviente al poder sanador de Dios y a los hombres y mujeres que han respondido a su llamado. También habrá una capilla con animación que ministrará especialmente a los niños.

La torre de oración por sanidad, un lugar donde se orará las veinticuatro horas del día, siete días a la semana. Este ministerio hará extensivo el poder salvador y sanador de Dios a las personas que llamen por teléfono o que vengan de visita de cualquier lugar del mundo.

La llama de sanidad eterna, estará encendida las veinticuatro horas del día, los 365 días del año, recordándonos que el poder milagroso de Dios no tiene descanso.

Además, habrá un anfiteatro al aire libre para actividades especiales, una biblioteca de sanidad y mucho más.

El Centro de Sanidad Mundial y la sede del Compañerismo Internacional será un lugar memorable, ungido por el Señor para tocar vidas alrededor del mundo. Es el punto central de nuestro ministerio y será visitado por miles de ministros y personas de muchas naciones.

Todo lo que hemos planeado para esta propiedad tiene un propósito: Hacer saber al mundo que aun hay uno en el cielo que dice: «Yo soy Jehová tu sanador» (Éxodo 15.26) y que «Jesucristo es el mismo ayer, y hoy, y por los siglos» (Hebreos 13.8).

El nuevo centro en Dallas complementará el trabajo de producción de televisión en California y las oficinas de nuestro ministerio en Canadá, Gran Bretaña, Australia y otras naciones.

Más importante aun, han sido quitados los límites para nuestro crecimiento. Así como a principios de los ochenta sentí que era la voluntad perfecta de Dios establecer una iglesia en Orlando, así siento ahora la misma confianza al embarcarnos en esta nueva aventura. Estaré agradecido para siempre de la congregación y del personal de la iglesia de World Outreach Church conocida por años como Orlando Christian Center. Su amor hacia mi familia y hacia mí no ha tenido límites, y agradezco a Dios por las vidas que fueron tocadas porque nosotros respondimos al llamado de Dios.

Los que conocen este ministerio entienden que envuelve docenas de proyectos en muchos lugares diferentes aunque todos responden a un solo llamado: *llevar el mensaje salvador y sanador del evangelio a cada nación de la tierra.*

¡QUÉ JORNADA HA SIDO ESTA!

Ha habido momentos muy especiales en este cuarto de siglo de milagros y yo he recibido más honores de los que merezco. Sin embargo, nada tiene más significado que algo que me dijeron una noche en un pequeño departamento de un segundo piso en Ramallah, Israel, al otro lado de la calle donde mi abuelo tenía su tienda de sandwiches y caramelos. Mi querida abuela Armenia, Amal, antes de partir de este mundo, estaba sentada junto a mí en el sofá de su humilde casa. Varios de mis primos se encontraban presentes. Esta anciana, a quien por años le fue imposible entender mi conversión, puso su añosa mano sobre mí y suavemente, me dijo: «Benny, ahora tú eres el patriarca de nuestra familia».

Esas son palabras que siempre habré de reverenciar. Es también una responsabilidad que no he tomado livianamente.

Cuando entré con aquel puñado de muchachos estudiantes a esa sala de clases en la escuela secundaria Georges Vanier en

Toronto, yo no tenía idea de la drástica transformación que ocurriría años más tarde en mi vida. ¡Qué jornada ha sido esta!

Veiticinco años atrás, el 7 de diciembre de 1974, me paré en la plataforma de una pequeña iglesia en Oshawa, Ontario. Aquella noche, Dios me tocó. Quitó mi tartamudez y nunca he dejado de hablar al mundo del Dios de amor y milagros a quien sirvo.

La semana pasada, al pararme de nuevo en la plataforma durante una de nuestras campañas, mis ojos se llenaron de lágrimas al darme cuenta cuán lejos me ha llevado Dios. De lo profundo de mi corazón, canté:

> Él me tocó,
> Oh, Él me tocó.
> Y oh, el gozo que fluye de mi alma.
> Algo ocurrió, y ahora yo lo sé.
> Él me tocó, y me hizo nuevo.[1]

Este no es el fin de la historia. Oro para que si el Señor tarda, los próximos veinticinco años sean tan grandes como nadie se haya podido imaginar. «Y a aquel que es poderoso para hacer todas las cosas mucho más abundantemente de lo que pedimos o entendemos, según el poder que actúa en nosotros» (Efesios 3.20). Y oro para que mi vida glorifique siempre a mi maravilloso Señor y Maestro, Cristo Jesús, el Hijo del Dios viviente. ¡Amén!

---

[1] «Él me tocó» *He Touched Me*, letra y música de William J. Gaither. 8 1963 William J. Gaither, Inc. Todos los derechos controlados por Gaither Copyright Management. Usado con permiso.

Otros títulos por

Benny Hinn

VIDEOLIBRO

AUDIOLIBRO